이순희 창작곡 365

영혼을 살리는 찬양

7

CCM2U

발 간 사

할렐루야! 찬양받기 합당하신 하나님께 모든 감사와 영광과 존귀를 올려드립니다. "만 입이 내게 있으면 그 입 다 가지고 내 구주 주신 은총을 늘 찬송하겠네"라는 찬송가 가사와 같이 제 안에 끊이지 않는 찬양의 열정과 영감을 부어주신 하나님을 송축합니다. 기적의 하나님께서 베풀어주신 은혜로 말미암아 저는 매일 쉬지 않고 바쁜 사역을 이어오는 중에 수많은 찬양을 창작했습니다. 이동하는 차 안에서, 길을 걸으면서 틈만 나면 작곡을 했고, 잠을 자지 않고 찬양의 기쁨에 빠져들며 가사를 쓰고 곡을 만들었습니다. 그리하여 2020년 12월 17일에 첫 곡을 만들고 오늘에 이르기까지 어느덧 1,800여곡에 달하는 찬양을 창작하게 되었습니다. 이 모든 것이 하나님의 은혜입니다. 저는 성령의 압도하시는 인도 속에서 주로 성경말씀을 가사로 만들었고, 깊은 회개를 동반한 삶의 변화, 내면치유와 영적전쟁, 사명을 향한 몰입과 충성 등을 주제로 곡을 만들었습니다. 성도님들이 찬양만 불러도 한편의 설교를 들은 듯한 영적 깊이를 체험하도록 곡을 만들었고, 찬양을 통해 영적 각성과 성숙을 경험하며 말씀의 인도를 받을 수 있도록 했습니다. 특별히 이번에 출판하게 된『영혼을 살리는 찬양』7권에는 365곡의 다채롭고 깊이있는 찬양을 담았습니다. 모든 악보에 큐알 코드를 첨부하여 누구나 쉽게 찬양 영상을 통해 찬양을 익힐 수 있도록 했습니다. 이 악보집이 다양한 지역의 많은 분들에게 전해져서 많은 성도님들이 함께 찬양의 기쁨과 능력을 체험하길 원합니다. 영혼을 살리는 찬양, 영적전쟁에서 승리하고 삶에서 열매를 맺게 하는 찬양을 통해 성령의 인도를 받으며 천국같은 삶을 사시길 바랍니다.

이 악보집이 세상에 나오기까지 신실한 사랑으로 협력해준 사랑하는 남편 김광옥 장로와 두 아들 성훈, 성민, 귀한 며느리 예지에게 감사의 마음을 전합니다. 악보집 7권 제작에 물질로 후원해주신 신유철 집사, 조주영 권사 가정에게 감사드립니다. 사랑과 기쁨으로 기도해주신 영혼의 샘 세계선교센터와 백송교회 성도님들에게 감사를 전하고, 원미현 목사, 허신영 전도사를 비롯한 음악부원들에게 감사의 마음을 전합니다.

2025년 녹음이 짙어가는 계절에 백송교회에서

이 순 희

이순희 4집 음반

이순희 5집 음반

이순희 6집 음반

이순희 7집 음반

이순희 8집 음반

복음과 내적치유

복음과 인생설계

복음과 가족치유

보라! 하나님의 일하심을

보라! 행복한 주의 종들을

Contents

남자키 | 가나다순

가

가난한 심령에 꽃을 피워	F#m	291
가면을 벗어라	C	1
갈급한 내 영혼에	Cm	134
감당 못할 절망 속에	Cm	135
감사함으로 그 문에	F	156
강력한 영적 무기	D	52
거룩하고 진실하사	C	2
거룩한 성령이여	Dm	188
거룩한 주의 빛	D	53
겉사람은 낡아지나	F	157
고난을 유익으로	Dm	189
고난을 이길 힘 주신	G	209
고난을 통해 깨닫게	G	210
고난의 거친 바다	Bm	84
고난의 긴 터널 속에서도	Gm	342
고난의 길을 걸어간다	Bm	85
고난의 터널 속에	F#m	292
고난의 터널을 지나	Gm	343
고난 중에도	B♭	320
고난 중에도 기뻐	F#m	293
고달픈 인생길 걸어가면서	F	158
고통과 슬픔 속에	Gm	344
고통과 환난 중에도	F#m	294
고통 속에 절망할 때	Gm	345
굳은 마음 깨뜨리는	D	54
귀인들을 의지하지 말며	D	55
그리스도 예수의	E♭	107
그리스도 예수의 좋은 병사	A	259
그 어떤 시련과	F#m	295
긴 긴 밤 외로이 홀로	Gm	346
깊고 깊은 상처에	Bm	86
깊고 깊은 어둠 속에서	Bm	87
깨닫지 못하고	Gm	347
깨닫지 못해	Cm	136
깨뜨리기 원하네	G	211
깨어진만큼 부서진만큼	D	56
끊을 수 없네	F	159
끝없이 흘러넘치는	F	160

나

나는 두렵지 않네	E♭	108
나를 능하게 하신	D	58
나를 향한 뜨거운	G	212
나를 향한 주님의	F	161
나 어떤 시련과	G	213
나의 모든 상처 치료하시는	Cm	137
나의 모든 상처	F	162
나의 모든 아픔을	G	214
나의 모든 죄를	F#m	296
나의 모든 죄를 씻어주시는	Dm	190
나의 발걸음	E♭	109
나의 삶을 불태우리	D	57
나의 삶을 주관하시는 성령이여	F	163
나의 영혼이 주의	G	215
나의 영혼 채우소서	C	3
나의 입술로 주를 찬양하며	C	4
나의 입술이 오직 주만	G	220
나의 힘과 소망되시는	F	164
나의 힘이 되신	C	5
내가 생각하건데	F#m	297
내가 이미 얻었다 함도	F	165
내게 어려운 일	Gm	348
내게 주신 주의 은혜	A	260
내 마음 깊은 곳에 숨겨져 있는	Bm	88
내 마음 깊은 곳에	C	6
내 마음에 성령의 불	E♭	110
내 마음에 주의 빛	E♭	111
내 마음에 치료의 빛	C	7
내 맘속에 가득히	E♭	112
내면이 병들어	Bm	89
내 모든 삶 속에서	D	60
내 모든 삶 주께 드리네	D	61
내 모든 욕심	G	216
내 병든 몸 치료하시는	D	62
내 삶의 이유 발견했네	Bm	90
내 아픈 마음	Gm	349
내 안에 두 가지 법	Cm	138
내 안에 주의 사랑	C	8
내 영을 깨우시는	G	217
내 영혼아 여호와를	D	63
내 영혼 어둠 속에	E♭	113
내 영혼에 기쁨 흘러넘치네	C	9
내 영혼을 결박하는	Dm	191
내 영혼 주만 의지하네	G	218
너는 알지 못하였느냐	B♭	321
너희가 여러가지	Gm	350
너희가 육신대로 살면	F#m	298
너희는 모든 악독과	C	10
너희를 부르심을 보라	E♭	114
너희를 위하여 보물을	G	221
너희 안에 이 마음을	A	261
넉넉히 이기느니라	G	219
놀라운 주의 사랑	B♭	322
놀라운 치료의 능력	D	64
높고 깊은 주의 사랑	F	166
높이 높이 손을 들고	F	167
누구나 한 번 왔다	F#m	299
눈을 들어 주를 보라	F	168

다

담대하라 내가 세상을	D	65
따뜻하고 부드러운	Dm	192
따뜻한 주의 손길	E♭	116

마

마음 속에 흐르는	A	262
마음의 눈 밝혀주소서	G	222
말로 다 표현할 수 없네	F	169
말씀따라 사는 자	F	170
말씀의 빛으로	Dm	193
말씀이 육신이 되어	D	66
멈출 수 없는	G	223

Contents

모든 것을 가진 자로다 Bm 91
모든 것을 배설물로 G 224
모든 것을 합력하여 A 263
모든 어둠 물리치고 A 264
모든 죄를 몰아내는 B♭ 323
모든 죄와 어둠 씻어주시는 G 225
목마른 내 영혼에 C 11
무더운 여름 날에 B♭ 324

바

복음은 겸손과 F 171
복음을 깨닫는 자 C 12
복의 근원 하나님 A 265
부드럽고 온유하고 A 266
부르심의 상을 위해 C 13
부하려 하는 자들은 D 67
부활의 아침 C 14
비판하지 말라 E♭ 117
빈손으로 가야하네 Gm 351

사

사랑으로 맺어진 A 267
사랑의 능력 A 268
사랑의 주님이 C 15
사랑의 하나님 이곳에 G 226
사랑하는 성도여 C 16
살랑살랑 내 가슴을 C 17
삶에 지쳐 고통스런 Dm 194
삶의 의미를 잃어버리고 F#m 300
상속자 우린 상속자 C 18
상처 가득한 마음 부여잡고 F#m 301
상처로 가득한 내 영혼 Cm 139
상처를 가득 품은 Cm 140
상처받은 내 영혼 Gm 352
상처받은 마음 F#m 302
상처입은 마음을 Dm 195
상처입은 마음을 감싸 Gm 353
상처입은 마음을 부둥켜 안고 Bm 92
상처입은 영혼들이 Gm 354
상처입은 영혼을 Cm 141
상처입은 영혼이여 Bm 93
생각과 마음이 지배하는 D 68
서로 사랑하라 A 269
서로 용서하라 A 270
성령님 나와 함께 하소서 Bm 94
성령에 사로잡힌 G 227
성령으로 깨어난 C 19
성령의 기름부음 B♭ 325
성령의 능력으로 사는 자 A 271
성령의 능력으로 살아가리라 Bm 95
성령의 부드러운 F 172
성령의 불길이 나의 죄를 C 20
성령의 불은 우리 속에 G 228
성령의 불이 붙은 인생 G 229
성령의 불이 우리에게 F 173
성령의 은사 받으라 C 21
성령의 인도받는 삶 Cm 142
성령의 인도받는 자 C 22
성령의 인도하심 따라 C 23
성령이여 임하소서 D 69
성령이 임하시면 G 230
성부 성자 성령 G 231
세상에 내 마음 내어 줄 때에 F 174
세상에 묶여 헤매이듯 F#m 304
세상에 홀로 남겨진 듯 Gm 355
세상 염려 걱정 Gm 356
세상을 밝히시는 A 272
세상을 이긴 이김은 G 232
세상의 거친 풍랑 F#m 303
세상의 거칠고 험한 풍파 G 233
세상의 헛된 것을 Cm 143
스스로 속이지 말라 E♭ 118
슬픔과 고통 속에 G 234
슬픔과 고통 속에서도 G 235
슬픔과 아픔 속에서도 F#m 305
시기와 다툼이 G 236
시련의 바람이 불어와도 Cm 144
십자가 그 사랑이 F 175
십자가에 능력있네 Dm 196
십자가에 못 박히신 주 Bm 96
십자가의 능력 F 176
십자가의 능력은 Gm 357

아

아무것도 염려하지 말고 G 237
아버지께 참되게 B♭ 326
아픔과 고통 속에 Cm 145
아픔과 슬픔이 Gm 358
어두운 밤 고통 속에서 Gm 359
어두운 밤에도 G 238
어두운 밤에도 주의 빛 F 177
어두운 밤 하늘에 E♭ 119
어두운 세상 험한 세상 Bm 97
어두운 인생길에 Bm 98
어둠 속에 갇혀버린 F#m 306
어둠 속에 길을 잃을 때 Gm 360
어둠 속에 외로이 Dm 197
어둠 속에 있을 때 Dm 198
어둠 속에 젖어 살던 Cm 146
어둠으로 가득했던 F#m 307
어둠을 물리치는 G 239
어둠을 밝혀주는 Bm 99
어둠을 밝히시는 D 59
어둠을 밝히시는 주님의 빛 C 24
어둠의 그림자를 Cm 147
어둠의 영 나의 인생 Gm 361
어둠이 깊은 고난의 밤이 F#m 308
어둠이 밀려올 때 Cm 148
어둡고 캄캄한 길에서 Bm 100
여호와께 감사하라 G 240
여호와는 나의 목자시니 C 25
여호와는 나의 빛이요 C 26
여호와를 경외하는 자 C 27
여호와를 송축하라 C 28

Contents

여호와를 찾으라 E♭ 120
여호와의 선하심을 D 70
영광스런 주님을 찬양하며 F 178
영원토록 변함없는 G 241
영원한 생명 주신 G 242
영원한 주님의 빛 A 273
예수님의 눈에 발견되어 E♭ 121
예수님의 발걸음이 Dm 199
예수님의 사랑 나를 감싸네 C 29
예수님의 사랑 넓고 깊어 F 179
예수님의 사랑의 빛 G 243
예수님의 시선이 A 274
예수 십자가의 사랑이 F#m 309
예수 안에서 내려놓는 것이 D 71
예수 안에 있는 우리 영혼 B♭ 327
예수 안에 있는 자 A 275
예수 예수 그 이름에 D 72
예수의 보혈로 C 30
오늘은 가장 기쁜 성탄절 B♭ 328
오직 주만 바라보며 Bm 101
완고한 자아를 D 73
욕심이 잉태한즉 G 244
우리가 걸어가야 할 E♭ 122
우리가 낙심하지 아니하노니 G 245
우리가 다 하나님의 A 276
우리를 구원하신 주님의 사랑 Bm 102
우리를 구원하신 F 180
우리 모두 에바다의 C 31
우리 모두 주님의 A 277
우리 모두 주를 찬양하세 B♭ 329
우리 모두 함께 모여 A 278
우리 방패이신 D 74
우리에겐 구름같이 A 279
우리 영혼에 깊이 F#m 310
우리의 마음을 G 246
우리의 생각이 C 32
우리의 인생을 승리케 Bm 103
우리의 죄와 상처 태우시고 F 181
우리 주 예수 그리스도의 G 247
우리 주의 성령 A 280
육신을 따르는 자 D 75
육신의 정욕대로 F#m 311
육체의 욕심 이루지 않고 C 33
으쌰 으쌰 영혼들을 A 281
의를 위하여 박해를 Cm 149
의의 면류관 F 182
의인은 종려나무 같이 D 76
이기기를 다투는 자 A 282
이 세상의 모든 사람 Cm 150
일을 행하시는 여호와 E♭ 123

자

자비와 은혜가 C 34
자비와 은혜로 Dm 200
자아를 깨뜨리니 C 35
장성한 분량의 믿음 G 248
정죄함 없네 C 36
죄로 인해 병든 영혼 Gm 362
죄를 짓는 자는 F#m 312
죄 많은 내 영혼 Dm 202
죄에 끌려 향방없이 Dm 203
죄인 된 우리의 G 249
주님 내 손 잡아주시네 E♭ 115
주님 말씀 안에서 D 77
주님 말씀하시네 Gm 363
주님 앞에 나아가 F 183
주님 앞에 나아갑니다 F 184
주님 앞에 내 모든 삶 E♭ 124
주님을 닮기 원하네 A 283
주님을 알지 못해 F#m 313
주님의 군사 Cm 151
주님의 그늘 아래 E♭ 125
주님의 날개 그늘 아래 F#m 314
주님의 밝은 빛 C 37
주님의 사랑으로 Dm 204
주님의 사랑으로 가득 G 250
주님의 사랑으로 나를 G 251
주님의 사랑은 F 185
주님의 사랑은 깊고 넓어 C 38
주님의 사랑은 영원토록 G 252
주님의 사랑이 F#m 315
주님의 사랑이 나를 B♭ 330
주님의 은혜 E♭ 126
주님의 은혜는 E♭ 127
주님의 은혜는 나의 힘과 소망 C 39
주님의 지혜로 E♭ 128
주님의 크신 사랑 B♭ 331
주님의 크신 사랑이 F 186
주님 주신 사명 향해 A 284
주님 지신 십자가 Dm 205
주로 인해 나는 정말 C 40
주를 믿는다 고백하는 F#m 316
주를 찬양하리 G 253
주 보혈에 능력있네 D 78
주 보혈을 믿고 D 79
주 보혈의 능력 E♭ 129
주 보혈의 능력이 C 41
주 안에서 발견되기 원하네 B♭ 332
주 안에서 복 있는 자 B♭ 333
주 안에서 사랑으로 A 285
주의 보혈 능력있네 C 42
주의 빛을 비추며 C 43
주의 사랑 내 맘에 F 187
주의 사랑 주의 은혜 A 286
주의 은혜의 강을 A 287
지치고 상한 나의 영혼 Dm 206
진리의 빛 비추시는 G 254

차

찬양이 넘쳐나는 D 80
찬양 찬양 D 81
참된 믿음으로 C 44
참된 예배를 통해 C 45
채워도 채워도 F#m 317

Contents

치료의 빛 A 288

카

캄캄한 어둠 속에서 Bm 104
캄캄한 어둠 속을 Cm 152
캄캄한 인생길을 Dm 207
크고 놀라운 은혜로 B♭ 334
크고 은밀한 일 Cm 153

타

텅빈 마음 공허한 마음 Bm 105

파

피난처 되신 주 C 46
피난처 되신 주여 C 47

하

하나님과 동행하는 성도는 B♭ 335
하나님 사랑 이웃 사랑 Dm 201
하나님은 내 편이시니 B♭ 336
하나님은 우리의 패배를 G 255
하나님의 나라 말에 C 48
하나님의 말씀은 E♭ 130
하나님의 말씀은 살아있고 B♭ 337
하나님의 부름받아 B♭ 338
하나님의 사랑을 D 82
하나님의 어리석음이 E♭ 131
하나님의 크신 사랑 G 256
하나님이 기뻐하시는 예배 C 49
하나님이여 나를 살피사 A 289
하나님이여 내 속에 D 83
하나님이 여시면 B♭ 339
하나님이 예비하신 C 50
하나님이 주시는 마음 E♭ 132
하나님이 주시는 복을 B♭ 340
하나 밖에 없는 아들을 Bm 106
하늘문 열고 F#m 318
하늘에 그려지는 E♭ 133
하늘에 반짝이는 C 51
하늘에 울려퍼지는 B♭ 341
한계에 매이지 않는 G 257
할렐루야 찬양하세 A 290
험난한 인생길 Cm 154
험한 길을 걸어갈 때 Dm 208
헛된 것을 찾아 Gm 364
헛된 것을 찾아 헤매이던 나 Gm 365
헤아릴 수 없는 사랑 Cm 155
환난이나 곤고나 G 258
회개의 눈물로 적신 F#m 319

Contents

남자키 | 코드순

C

제목	코드	번호
가면을 벗어라	C	1
거룩하고 진실하사	C	2
나의 영혼 채우소서	C	3
나의 입술로 주를 찬양하며	C	4
나의 힘이 되신	C	5
내 마음 깊은 곳에	C	6
내 마음에 치료의 빛	C	7
내 안에 주의 사랑	C	8
내 영혼에 기쁨 흘러넘치네	C	9
너희는 모든 악독과	C	10
목마른 내 영혼에	C	11
복음을 깨닫는 자	C	12
부르심의 상을 위해	C	13
부활의 아침	C	14
사랑의 주님이	C	15
사랑하는 성도여	C	16
살랑살랑 내 가슴을	C	17
상속자 우린 상속자	C	18
성령으로 깨어난	C	19
성령의 불길이 나의 죄를	C	20
성령의 은사 받으라	C	21
성령의 인도받는 자	C	22
성령의 인도하심 따라	C	23
어둠을 밝히시는 주님의 빛	C	24
여호와는 나의 목자시니	C	25
여호와는 나의 빛이요	C	26
여호와를 경외하는 자	C	27
여호와를 송축하라	C	28
예수님의 사랑 나를 감싸네	C	29
예수의 보혈로	C	30
우리 모두 에바다의	C	31
우리의 생각이	C	32
육체의 욕심 이루지 않고	C	33
자비와 은혜가	C	34
자아를 깨뜨리니	C	35
정죄함 없네	C	36
주님의 밝은 빛	C	37
주님의 사랑은 깊고 넓어	C	38
주님의 은혜는 나의 힘과 소망	C	39
주로 인해 나는 정말	C	40
주 보혈의 능력이	C	41
주의 보혈 능력있네	C	42
주의 빛을 비추며	C	43
참된 믿음으로	C	44
참된 예배를 통해	C	45
피난처 되신 주	C	46
피난처 되신 주여	C	47
하나님의 나라 말에	C	48
하나님이 기뻐하시는 예배	C	49
하나님이 예비하신	C	50
하늘에 반짝이는	C	51

D

제목	코드	번호
강력한 영적 무기	D	52
거룩한 주의 빛	D	53
굳은 마음 깨뜨리는	D	54
귀인들을 의지하지 말며	D	55
깨어진만큼 부서진만큼	D	56
나를 능하게 하신	D	58
나의 삶을 불태우리	D	57
내 모든 삶 속에서	D	60
내 모든 삶 주께 드리네	D	61
내 병든 몸 치료하시는	D	62
내 영혼아 여호와를	D	63
놀라운 치료의 능력	D	64
담대하라 내가 세상을	D	65
말씀이 육신이 되어	D	66
부하려 하는 자들은	D	67
생각과 마음이 지배하는	D	68
성령이여 임하소서	D	69
어둠을 밝히시는	D	59
여호와의 선하심을	D	70
예수 안에서 내려놓는 것이	D	71
예수 예수 그 이름에	D	72
완고한 자아를	D	73
우리 방패이신	D	74
육신을 따르는 자	D	75
의인은 종려나무 같이	D	76
주님 말씀 안에서	D	77
주 보혈에 능력있네	D	78
주 보혈을 믿고	D	79
찬양이 넘쳐나는	D	80
찬양 찬양	D	81
하나님의 사랑을	D	82
하나님이여 내 속에	D	83

Bm

제목	코드	번호
고난의 거친 바다	Bm	84
고난의 길을 걸어간다	Bm	85
깊고 깊은 상처에	Bm	86
깊고 깊은 어둠 속에서	Bm	87
내 마음 깊은 곳에 숨겨져 있는	Bm	88
내면이 병들어	Bm	89
내 삶의 이유 발견했네	Bm	90
모든 것을 가진 자로다	Bm	91
상처입은 마음을 부둥켜 안고	Bm	92
상처입은 영혼이여	Bm	93
성령님 나와 함께 하소서	Bm	94
성령의 능력으로 살아가리라	Bm	95
십자가에 못 박히신 주	Bm	96
어두운 세상 험한 세상	Bm	97
어두운 인생길에	Bm	98
어둠을 밝혀주는	Bm	99
어둡고 캄캄한 길에서	Bm	100
오직 주만 바라보며	Bm	101
우리를 구원하신 주님의 사랑	Bm	102
우리의 인생을 승리케	Bm	103
캄캄한 어둠 속에서	Bm	104
텅빈 마음 공허한 마음	Bm	105
하나 밖에 없는 아들을	Bm	106

Contents

Eb

그리스도 예수의 Eb 107
나는 두렵지 않네 Eb 108
나의 발걸음 Eb 109
내 마음에 성령의 불 Eb 110
내 마음에 주의 빛 Eb 111
내 맘속에 가득히 Eb 112
내 영혼 어둠 속에 Eb 113
너희를 부르심을 보라 Eb 114
따뜻한 주의 손길 Eb 116
비판하지 말라 Eb 117
스스로 속이지 말라 Eb 118
어두운 밤 하늘에 Eb 119
여호와를 찾으라 Eb 120
예수님의 눈에 발견되어 Eb 121
우리가 걸어가야 할 Eb 122
일을 행하시는 여호와 Eb 123
주님 내 손 잡아주시네 Eb 115
주님 앞에 내 모든 삶 Eb 124
주님의 그늘 아래 Eb 125
주님의 은혜 Eb 126
주님의 은혜는 Eb 127
주님의 지혜로 Eb 128
주 보혈의 능력 Eb 129
하나님의 말씀은 Eb 130
하나님의 어리석음이 Eb 131
하나님이 주시는 마음 Eb 132
하늘에 그려지는 Eb 133

Cm

갈급한 내 영혼에 Cm 134
감당 못할 절망 속에 Cm 135
깨닫지 못해 Cm 136
나의 모든 상처 치료하시는 Cm 137
내 안에 두 가지 법 Cm 138
상처로 가득한 내 영혼 Cm 139
상처를 가득 품은 Cm 140
상처입은 영혼을 Cm 141
성령의 인도받는 삶 Cm 142
세상의 헛된 것을 Cm 143
시련의 바람이 불어와도 Cm 144
아픔과 고통 속에 Cm 145
어둠 속에 젖어 살던 Cm 146
어둠의 그림자를 Cm 147
어둠이 밀려올 때 Cm 148
의를 위하여 박해를 Cm 149
이 세상의 모든 사람 Cm 150
주님의 군사 Cm 151
캄캄한 어둠 속을 Cm 152
크고 은밀한 일 Cm 153
험난한 인생길 Cm 154
헤아릴 수 없는 사랑 Cm 155

F

감사함으로 그 문에 F 156
겉사람은 낡아지나 F 157
고달픈 인생길 걸어가면서 F 158
끊을 수 없네 F 159
끝없이 흘러넘치는 F 160
나를 향한 주님의 F 161
나의 모든 상처 F 162
나의 삶을 주관하시는 성령이여 F 163
나의 힘과 소망되시는 F 164
내가 이미 얻었다 함도 F 165
높고 깊은 주의 사랑 F 166
높이 높이 손을 들고 F 167
눈을 들어 주를 보라 F 168
말로 다 표현할 수 없네 F 169
말씀따라 사는 자 F 170
복음은 겸손과 F 171
성령의 부드러운 F 172
성령의 불이 우리에게 F 173
세상에 내 마음 내어 줄 때에 F 174
십자가 그 사랑이 F 175
십자가의 능력 F 176
어두운 밤에도 주의 빛 F 177
영광스런 주님을 찬양하며 F 178
예수님의 사랑 넓고 깊어 F 179
우리를 구원하신 F 180
우리의 죄와 상처 태우시고 F 181
의의 면류관 F 182
주님 앞에 나아가 F 183
주님 앞에 나아갑니다 F 184
주님의 사랑은 F 185
주님의 크신 사랑이 F 186
주의 사랑 내 맘에 F 187

Dm

거룩한 성령이여 Dm 188
고난을 유익으로 Dm 189
나의 모든 죄를 씻어주시는 Dm 190
내 영혼을 결박하는 Dm 191
따뜻하고 부드러운 Dm 192
말씀의 빛으로 Dm 193
삶에 지쳐 고통스런 Dm 194
상처입은 마음을 Dm 195
십자가에 능력있네 Dm 196
어둠 속에 외로이 Dm 197
어둠 속에 있을 때 Dm 198
예수님의 발걸음이 Dm 199
자비와 은혜로 Dm 200
죄 많은 내 영혼 Dm 202
죄에 끌려 항방없이 Dm 203
주님의 사랑으로 Dm 204
주님 지신 십자가 Dm 205
지치고 상한 나의 영혼 Dm 206
캄캄한 인생길을 Dm 207
하나님 사랑 이웃 사랑 Dm 201
험한 길을 걸어갈 때 Dm 208

G

고난을 이길 힘 주신 G 209
고난을 통해 깨닫게 G 210

Contents

깨뜨리기 원하네 G 211
나를 향한 뜨거운 G 212
나 어떤 시련과 G 213
나의 모든 아픔을 G 214
나의 영혼이 주의 G 215
나의 입술이 오직 주만 G 220
내 모든 욕심 G 216
내 영을 깨우시는 G 217
내 영혼 주만 의지하네 G 218
너희를 위하여 보물을 G 221
넉넉히 이기느니라 G 219
마음의 눈 밝혀주소서 G 222
멈출 수 없는 G 223
모든 것을 배설물로 G 224
모든 죄와 어둠 씻어주시는 G 225
사랑의 하나님 이곳에 G 226
성령에 사로잡힌 G 227
성령의 불은 우리 속에 G 228
성령의 불이 붙은 인생 G 229
성령이 임하시면 G 230
성부 성자 성령 G 231
세상을 이긴 이김은 G 232
세상의 거칠고 험한 풍파 G 233
슬픔과 고통 속에 G 234
슬픔과 고통 속에서도 G 235
시기와 다툼이 G 236
아무것도 염려하지 말고 G 237
어두운 밤에도 G 238
어둠을 물리치는 G 239
여호와께 감사하라 G 240
영원토록 변함없는 G 241
영원한 생명 주신 G 242
예수님의 사랑의 빛 G 243
욕심이 잉태한즉 G 244
우리가 낙심하지 아니하노니 G 245
우리의 마음을 G 246
우리 주 예수 그리스도의 G 247
장성한 분량의 믿음 G 248
죄인된 우리의 G 249
주님의 사랑으로 가득 G 250
주님의 사랑으로 나를 G 251
주님의 사랑은 영원토록 G 252
주를 찬양하리 G 253
진리의 빛 비추시는 G 254
하나님은 우리의 패배를 G 255
하나님의 크신 사랑 G 256
한계에 매이지 않는 G 257
환난이나 곤고나 G 258

A

그리스도 예수의 좋은 병사 A 259
내게 주신 주의 은혜 A 260
너희 안에 이 마음을 A 261
마음 속에 흐르는 A 262
모든 것을 합력하여 A 263
모든 어둠 물리치고 A 264
복의 근원 하나님 A 265
부드럽고 온유하고 A 266
사랑으로 맺어진 A 267
사랑의 능력 A 268
서로 사랑하라 A 269
서로 용서하라 A 270
성령의 능력으로 사는 자 A 271
세상을 밝히시는 A 272
영원한 주님의 빛 A 273
예수님의 시선이 A 274
예수 안에 있는 자 A 275
우리가 다 하나님의 A 276
우리 모두 주님의 A 277
우리 모두 함께 모여 A 278
우리에겐 구름같이 A 279
우리 주의 성령 A 280
으쌰 으쌰 영혼들을 A 281
이기기를 다투는 자 A 282
주님을 닮기 원하네 A 283
주님 주신 사명 향해 A 284
주 안에서 사랑으로 A 285
주의 사랑 주의 은혜 A 286
주의 은혜의 강을 A 287
치료의 빛 A 288
하나님이여 나를 살피사 A 289
할렐루야 찬양하세 A 290

F#m

가난한 심령에 꽃을 피워 F#m 291
고난의 터널 속에 F#m 292
고난 중에도 기뻐 F#m 293
고통과 환난 중에도 F#m 294
그 어떤 시련과 F#m 295
나의 모든 죄를 F#m 296
내가 생각하건데 F#m 297
너희가 육신대로 살면 F#m 298
누구나 한 번 왔다 F#m 299
삶의 의미를 잃어버리고 F#m 300
상처 가득한 마음 부여잡고 F#m 301
상처받은 마음 F#m 302
세상에 묶여 헤매이듯 F#m 304
세상의 거친 풍랑 F#m 303
슬픔과 아픔 속에서도 F#m 305
어둠 속에 갇혀버린 F#m 306
어둠으로 가득했던 F#m 307
어둠이 깊은 고난의 밤이 F#m 308
예수 십자가의 사랑이 F#m 309
우리 영혼에 깊이 F#m 310
육신의 정욕대로 F#m 311
죄를 짓는 자는 F#m 312
주님을 알지 못해 F#m 313
주님의 날개 그늘 아래 F#m 314
주님의 사랑이 F#m 315
주를 믿는다 고백하는 F#m 316
채워도 채워도 F#m 317
하늘문 열고 F#m 318
회개의 눈물로 적신 F#m 319

Contents

Bb

고난 중에도 B♭ 320
너는 알지 못하였느냐 B♭ 322
놀라운 주의 사랑 B♭ 323
모든 죄를 몰아내는 B♭ 321
무더운 여름 날에 B♭ 324
성령의 기름부음 B♭ 325
아버지께 참되게 B♭ 326
예수 안에 있는 우리 영혼 B♭ 327
오늘은 가장 기쁜 성탄절 B♭ 328
우리 모두 주를 찬양하세 B♭ 329
주님의 사랑이 나를 B♭ 330
주님의 크신 사랑 B♭ 331
주 안에서 발견되기 원하네 B♭ 332
주 안에서 복 있는 자 B♭ 333
크고 놀라운 은혜로 B♭ 334
하나님과 동행하는 성도는 B♭ 335
하나님은 내 편이시니 B♭ 336
하나님의 말씀은 살아있고 B♭ 337
하나님의 부름받아 B♭ 338
하나님이 여시면 B♭ 339
하나님이 주시는 복을 B♭ 340
하늘에 울려퍼지는 B♭ 341

Gm

고난의 긴 터널 속에서도 Gm 342
고난의 터널을 지나 Gm 343
고통과 슬픔 속에 Gm 344
고통 속에 절망할 때 Gm 345
긴 긴 밤 외로이 홀로 Gm 346
깨닫지 못하고 Gm 347
내게 어려운 일 Gm 348
내 아픈 마음 Gm 349
너희가 여러가지 Gm 350
빈손으로 가야하네 Gm 351
상처받은 내 영혼 Gm 352
상처입은 마음을 감싸 Gm 353
상처입은 영혼들이 Gm 354
세상에 홀로 남겨진 듯 Gm 355
세상 염려 걱정 Gm 356
십자가의 능력은 Gm 357
아픔과 슬픔이 Gm 358
어두운 밤 고통 속에서 Gm 359
어둠 속에 길을 잃을 때 Gm 360
어둠의 영 나의 인생 Gm 361
죄로 인해 병든 영혼 Gm 362
주님 말씀하시네 Gm 363
헛된 것을 찾아 Gm 364
헛된 것을 찾아 헤매이던 나 Gm 365

Contents

감사

여호와께 감사하라 G 240

고난

고난을 유익으로 Dm 189
고난을 통해 깨닫게 G 210

기도

무더운 여름 날에 B♭ 324
복의 근원 하나님 A 265
성령에 사로잡힌 G 227
크고 은밀한 일 Cm 153

기쁨

내 영혼에 기쁨 흘러넘치네 C 9
높이 높이 손을 들고 F 167
예수 안에 있는 우리 영혼 B♭ 327
예수 예수 그 이름에 D 72

깨어짐

깨뜨리기 원하네 G 211
깨어진만큼 부서진만큼 D 56
예수 안에서 내려놓는 것이 D 71
완고한 자아를 D 73
우리의 생각이 C 32
자아를 깨뜨리니 C 35

내려놓음

내 모든 욕심 G 216
빈손으로 가야하네 Gm 351
헛된 것을 찾아 Gm 364

내적치유

가면을 벗어라 C 1
갈급한 내 영혼에 Cm 134
감당 못할 절망 속에 Cm 135
고난의 긴 터널 속에서도 Gm 342
고난의 터널 속에 F#m 292
고달픈 인생길 걸어가면서 F 158
고통과 슬픔 속에 Gm 344
고통 속에 절망할 때 Gm 345
그 어떤 시련과 F#m 295
긴 긴 밤 외로이 홀로 Gm 346
깊고 깊은 상처에 Bm 86
깊고 깊은 어둠 속에서 Bm 87
깨닫지 못하고 Gm 347
깨닫지 못해 Cm 136
나의 모든 상처 치료하시는 Cm 137
나의 모든 상처 F 162
나의 모든 아픔을 G 214
나의 힘이 되신 C 5
내게 어려운 일 Gm 348
내 마음 깊은 곳에 숨겨져 있는 Bm 88
내면이 병들어 Bm 89
내 병든 몸 치료하시는 D 62
내 아픈 마음 Gm 349
눈을 들어 주를 보라 F 168
따뜻한 주의 손길 E♭ 116
삶의 의미를 잃어버리고 F#m 300
상처 가득한 마음 부여잡고 F#m 301
상처로 가득한 내 영혼 Cm 139
상처를 가득 품은 Cm 140
상처받은 내 영혼 Gm 352
상처받은 마음 F#m 302
상처입은 마음을 Dm 195
상처입은 마음을 감싸 Gm 353
상처입은 마음을 부둥켜 안고 Bm 92
상처입은 영혼들이 Gm 354
상처입은 영혼이여 Bm 93
세상에 내 마음 내어 줄 때에 F 174
세상에 묶여 헤매이듯 F#m 304
세상에 홀로 남겨진 듯 Gm 355
세상 염려 걱정 Gm 356
세상의 헛된 것을 Cm 143
십자가의 능력은 Gm 357
아픔과 고통 속에 Cm 145
아픔과 슬픔이 Gm 358
어두운 세상 험한 세상 Bm 97
어두운 인생길에 Bm 98
어둠 속에 길을 잃을 때 Gm 360
어둠 속에 외로이 Dm 197
어둠 속에 있을 때 Dm 198
어둠 속에 젖어 살던 Cm 146
어둠으로 가득했던 F#m 307
어둠을 밝혀주는 Bm 99
어둠이 깊은 고난의 밤이 F#m 308
어둡고 캄캄한 길에서 Bm 100
예수님의 발걸음이 Dm 199
우리 영혼에 깊이 F#m 310
우리의 마음을 G 246
이 세상의 모든 사람 Cm 150
죄로 인해 병든 영혼 Gm 362
주님을 알지 못해 F#m 313
주님의 사랑이 F#m 315
지치고 상한 나의 영혼 Dm 206
채워도 채워도 F#m 317
치료의 빛 A 288
캄캄한 어둠 속에서 Bm 104
캄캄한 인생길을 Dm 207
텅빈 마음 공허한 마음 Bm 105
험난한 인생길 Cm 154
헛된 것을 찾아 헤매이던 나 Gm 365
회개의 눈물로 적신 F#m 319

동행

고난의 길을 걸어간다 Bm 85
누구나 한 번 왔다 F#m 299
성령의 인도받는 삶 Cm 142
어두운 밤 하늘에 E♭ 119
예수님의 눈에 발견되어 E♭ 121
예수님의 시선이 A 274

Contents

우리가 걸어가야 할 E♭ 122
주의 사랑 내 맘에 F 187
주의 사랑 주의 은혜 A 286
험한 길을 걸어갈 때 Dm 208

말씀

감사함으로 그 문에 F 156
거룩하고 진실하사 C 2
귀인들을 의지하지 말며 D 55
끊을 수 없네 F 159
내 영혼아 여호와를 D 63
너희는 모든 악독과 C 10
너희를 부르심을 보라 E♭ 114
너희 안에 이 마음을 A 261
담대하라 내가 세상을 D 65
말씀따라 사는 자 F 170
모든 것을 가진 자로다 Bm 91
비판하지 말라 E♭ 117
상속자 우린 상속자 C 18
생각과 마음이 지배하는 D 68
스스로 속이지 말라 E♭ 118
여호와를 경외하는 자 C 27
여호와를 송축하라 C 28
여호와를 찾으라 E♭ 120
여호와의 선하심을 D 70
욕심이 잉태한즉 G 244
육신을 따르는 자 D 75
의를 위하여 박해를 Cm 149
의인은 종려나무 같이 D 76
일을 행하시는 여호와 E♭ 123
정죄함 없네 C 36
죄를 짓는 자는 F#m 312
주님을 닮기 원하네 A 283
하나님의 말씀은 살아있고 B♭ 337
하나님의 말씀은 E♭ 130
하나님이여 내 속에 D 83
하나님이 주시는 마음 E♭ 132

맡김

내 모든 삶 주께 드리네 D 61
내 영혼 주만 의지하네 G 218
내 영혼 주만 의지하네 G 218
영원한 주님의 빛 A 273
주님 앞에 내 모든 삶 E♭ 124
주로 인해 나는 정말 C 40
하나님의 어리석음이 E♭ 131

물질

너희를 위하여 보물을 G 221
부하려 하는 자들은 D 67

믿음

고난을 이길 힘 주신 G 209
고난 중에도 B♭ 320
나 어떤 시련과 G 213
모든 것을 합력하여 A 263
시련의 바람이 불어와도 Cm 144
오직 주만 바라보며 Bm 101
주님의 은혜는 나의 힘과 소망 C 39
주를 믿는다 고백하는 F#m 316
참된 믿음으로 C 44
하나님과 동행하는 성도는 B♭ 335

변화

우리 모두 에바다의 C 31
하나님은 우리의 패배를 G 255

보혈

나를 향한 뜨거운 G 212
나를 향한 주님의 F 161
나의 모든 죄를 씻어주시는 Dm 190
나의 모든 죄를 F#m 296
모든 죄와 어둠 씻어주시는 G 225
예수의 보혈로 C 30
우리를 구원하신 주님의 사랑 Bm 102

죄에 끌려 향방없이 Dm 203
주 보혈에 능력있네 D 78
주 보혈을 믿고 D 79
주 보혈의 능력 E♭ 129
주 보혈의 능력이 C 41
주의 보혈 능력있네 C 42

보호

고난의 거친 바다 Bm 84
나는 두렵지 않네 E♭ 108
따뜻하고 부드러운 Dm 192
삶에 지쳐 고통스런 Dm 194
세상의 거친 풍랑 F#m 303
아무것도 염려하지 말고 G 237
어두운 밤 고통 속에서 Gm 359
주님의 그늘 아래 E♭ 125
주님의 날개 그늘 아래 F#m 314
하나님은 내 편이시니 B♭ 336

복

하나님이 주시는 복을 B♭ 340

복음

복음은 겸손과 F 171
복음을 깨닫는 자 C 12
예수 안에 있는 자 A 275

부활

부활의 아침 C 14
할렐루야 찬양하세 A 290

비상

어둠의 영 나의 인생 Gm 361

빛

거룩한 주의 빛 D 53
내 마음에 주의 빛 E♭ 111

Contents

Contents

성령의 은사 받으라 C 21
성령의 인도받는 자 C 22
우리의 인생을 승리케 Bm 103
우리의 죄와 상처 태우시고 F 181
우리 주의 성령 A 280
육체의 욕심 이루지 않고 C 33

성탄

오늘은 가장 기쁜 성탄절 B♭ 328

소망

주님 말씀 안에서 D 77

승리

고난 중에도 기뻐 F#m 293
고통과 환난 중에도 F#m 294
세상을 이긴 이김은 G 232

십자가

굳은 마음 깨뜨리는 D 54
사랑의 능력 A 268
상처입은 영혼을 Cm 141
십자가 그 사랑이 F 175
십자가에 능력있네 Dm 196
십자가에 못 박히신 주 Bm 96
십자가의 능력 F 176
예수 십자가의 사랑이 F#m 309
죄인된 우리의 G 249
주님 지신 십자가 Dm 205

열매

하나님의 나라 말에 C 48

영적전쟁

강력한 영적 무기 D 52
내 안에 두 가지 법 Cm 138
내 영혼을 결박하는 Dm 191

모든 죄를 몰아내는 B♭ 323
어둠을 물리치는 G 239

예배

아버지께 참되게 B♭ 326
참된 예배를 통해 C 45
하나님이 기뻐하시는 예배 C 49

은혜

나의 힘과 소망되시는 F 164
내게 주신 주의 은혜 A 260
내 영을 깨우시는 G 217
자비와 은혜가 C 34
죄 많은 내 영혼 Dm 202
주님의 은혜는 E♭ 127
주의 은혜의 강을 A 287

인도

나의 발걸음 E♭ 109
나의 영혼 채우소서 C 3
성령의 인도하심 따라 C 23
세상의 거칠고 험한 풍파 G 233
슬픔과 고통 속에 G 234
슬픔과 고통 속에서도 G 235
여호와는 나의 목자시니 C 25
주님 내 손 잡아주시네 E♭ 115
주님의 은혜 E♭ 126
주님의 지혜로 E♭ 128
피난처 되신 주 C 46
피난처 되신 주여 C 47

임재

사랑의 하나님 이곳에 G 226
성령이여 임하소서 D 69
주님 앞에 나아갑니다 F 184

자유

한계에 매이지 않는 G 257

전도

사랑으로 맺어진 A 267
우리 모두 주님의 A 277
주님의 사랑으로 Dm 204
주 안에서 사랑으로 A 285

찬양

가난한 심령에 꽃을 피워 F#m 291
나의 영혼이 주의 G 215
나의 입술로 주를 찬양하며 C 4
나의 입술이 오직 주만 G 220
내 마음 깊은 곳에 C 6
내 맘속에 가득히 E♭ 112
내 모든 삶 속에서 D 60
마음 속에 흐르는 A 262
말로 다 표현할 수 없네 F 169
멈출 수 없는 G 223
사랑하는 성도여 C 16
성부 성자 성령 G 231
영광스런 주님을 찬양하며 F 178
영원한 생명 주신 G 242
우리 모두 주를 찬양하세 B♭ 329
우리 모두 함께 모여 A 278
주님 앞에 나아가 F 183
주를 찬양하리 G 253
찬양이 넘쳐나는 D 80
찬양 찬양 D 81
하늘에 그려지는 E♭ 133
하늘에 반짝이는 C 51
하늘에 울려퍼지는 B♭ 341

Contents

축복

하나님이 여시면 B♭ 339
하나님이 예비하신 C 50

회개

어둠 속에 갇혀버린 F#m 306
육신의 정욕대로 F#m 311

회복

목마른 내 영혼에 C 11

가면을 벗어라

내적치유

작사 & 작곡 이순희

♩= 82

C F/A G C/E G G/B C

가 면을 벗어라 가 면을 벗어 라

Fine.

5 C Dm C G/B C C/E G

가 면을 벗어 라 겉과속 이 같은사람이되 라

9 C Dm F C/E G G/B C C/E

회 칠한 무덤을 벗 겨버 리라 마음에있는어둠 물리쳐라

13 G F C/E C G/B F/A G

가 식 의 옷을 벗고 진 실된마음으로 거듭나 라

17 G F C/E C G/B C

그 리하 면 악한 자가 만지지도못하리 니

21 C Dm G/B F/A G C/E

진리안에자유하 며 행복한삶살게되 리

25 C Dm G/B F/A G G/B C

나를감추기위해 쓴 가 면 잘난척하고싶어 쓴 가 면

29 C Dm C G/B C C/E G

두 려워 쓴가 면 인정받 고 싶어쓴 - 가 - 면

33 C Dm F C/E G G/B C

모 두벗 어버리 고 겉과 속이 같은사람이되어 자유하세

D.C

2

거룩하고 진실하사

말씀

(계 3:7-8)

작사 & 작곡 이순희
♩= 80
C Dm C/E G C/E F G C/E
거 룩 하고 진실하사 - 다윗의 열쇠를 가지신 이
C Dm C/E G C/E F G C
곧 열 면 닫을사람이 없고 닫으면열사람이 없는그 가
Dm G/B G Em Am Dm7 G /B
이르시 되 볼지어다 - 내가 네앞에 열린문을 두었으 니
Am G Dm/F G /B C C/E
능 히 닫을사람이 없 으 리 라
G F/A G F G7 F Dm G
내 가 네 행위 를 아노니 네가작은능력을 가지고서도
G F/A G F G7 F Dm G C
내 말을지키며 내 이름을 배반하지아니하였 음 이 라
C Dm C/E C Dm G/B C
우 리 모두 작은능력이라도 주님께바치고 말씀지 켜
C Dm C/E G C/E F G C
하 늘 이 열리는축복 받아 많은영혼주께로 인도하 세

인도

나의 영혼 채우소서

3

C

작사 & 작곡 이순희
나의 영혼 채우소 서 내게평안주 소 서
나의 영혼 채우소 서 내게기쁨주 소 서
세 상유혹모두 다 내 려놓 고
주 님만바라보 며 살 게하 소 서
어 둠이나의앞길 가로막을때 고 달픈인생길 걸어갈때도
주 의빛나를인도 하여주시네 행복하게주의길 걷게하시네
주의 은혜로 주의 사랑으로 가득채워 주소 서
오직 주님만 주만 바라보며 살아가게 하소 서

4 나의 입술로 주를 찬양하며

찬양

작사 & 작곡 이순희

♩= 80

C F C/E F G

나의입 술로 주를 찬양하며 주의사랑노래하 네
온맘다 해나 의주 찬양하네 나의영혼기뻐뛰 네

5 G/B C C/E F G G/B 1.C 2. C

사랑하 는나의주 밝은빛비춰 내안에어둠떠나가 네 네
내안에 서흘러넘 치 - 는찬양 감 - 격의눈물흐르 네 네

Fine

11 G G/B F/A G

빛 의 자녀 되었네 빛의열매맺으 리

15 G G/B F/A 3 G/B C C/E

빛 의 열매 모든착함과 의로움과진실함에있 네

19 G C/E G Dm G/B

하나님의나라 말에있지않고 능 력에 있 네

23 G C/E G Dm F G C

하나님의나라 내게임하시네 의와평강희락넘치 네

27 C Dm G/B Dm G/B

주 님의놀라운사 랑 영원토록찬양하 리

31 C Dm G/B F/A G/B C

주 님의놀라운은 혜 영원토록찬양하 리

D.C

나의 힘이 되신

작사 & 작곡 이순희

♩= 76
C /B Am Em F /D F/G G7
나의 힘이되신 나의 주 상한마음치유하시 네
5 C /B Am Em F G G/B C C/D
나의 능력되신 나의 주 모든상처씻어주시 네
9 Em7 F G G/B F/A G
끝 없이흐 르 는 주님 의 사 랑
13 G F G Dm7 G7 C C/E
내 마음가 득 히 충만하게채워지 니
17 G Am G G/B
세 상 에 어 떠 한 환 경속 에 도
21 G Am G G/B C F/G
참 기 쁨 참 평 안 얻 게하 시 네
25 C /B Am Em F D/F# F/G G#°
모든것 합력하여 선 - 을 이루시는주를찬양 해
29 Am C/G F7 C/E Dm7 G7 C
내영혼 주께맡겨 드리 니 진리안에자유하 네

6

내 마음 깊은 곳에

찬양

작사 & 작곡 이순희
내 마음깊은곳에 감 사의찬양 울 려퍼 지 네
내 삶의모든순간 오 직주님만 찬 양하 - 네
내 마 음 깊은곳에서 기 쁨의탄성울려 퍼 지 네
우 리 주의 성 령 이 나 의영혼가득 채 우 네
나는이제 다시 는 주님주신 기쁨 빼앗기지 않 으 리
나는이제 다시 는 주님주신 평강 빼앗기지 않 으 리
날 마다 - 날 마다 - 주만의지하기위 해
나의모든 - 정욕탐심 - 십자가에못 박으 리
내 마음깊은곳에 주 님의사랑 흘 러넘 치 네
감 사와찬양으로 내 모든삶을 가 득채 우 네

내 마음에 치료의 빛

작사 & 작곡 이순희
♩= 76
내마 음 에치료의 빛 비추 시 는하 나 님
주님 의 능력의손으 로 나의 상 처치유하소 서
내마 음에 사랑의빛을 비추 시는 사랑 의하 나 님
주님 주신 사랑 - 으로 모든 영혼 품 - 게하 소 서
주 님 의 사 랑 이 나와함께하 시 면
용 서 못할 사람없 네 품지못할사람없 네
모든사람과더불 어 화평함과 거룩함을 따르지 않으면
아무도주를볼수 없다하신 주의 말씀에 순종하 여
주님 의 마음을품 고 사랑 하 며살아가 리
주님 의 마음을품 고 용서 하 며살아가리 라

8 내 안에 주의 사랑

사랑

작사 & 작곡 이순희

♩= 80
C F/A C G/B C
내 안에주의사 랑 끝 없이흘러넘치 네
C F/A C G/B C C/E
내 안에주의은 혜 끝 없이흘러넘치 네
Fine
G G/B G D/F# G
내 마음에흐르 는 사 랑의 노 래
G G/B G G/B C C/E
내 마음에넘치 는 감 사의 노 래
G F G F C/E
내 영 혼 기뻐뛰 며 춤 추 게 하 네
G F G F G G/B C
세 상 의 모든유 혹 이 기 게 하 네
D.C

내 영혼에 기쁨 흘러넘치네

기쁨
작사 & 작곡 이순희
♩= 80
C Dm G/B C G/B C
내영혼에 - 기쁨 흘러넘치네 주님의기쁨나를 채우네
내영혼에 - 기쁨 흘러넘치네 주님의사랑나를 채우네
주님의사랑받는 자녀들이여 영원토록주를찬 양하라
C Dm G/B C Dm G/B C
Fine
내영혼에 - 평안 흘러넘치네 주님의평안나를 채우네
내영혼에 - 평안 흘러넘치네 주님의사랑나를 채우네
주님의사랑받는 자녀들이여 영원토록주를찬 양하라
G C/E F C/E F F/A G
나의삶은 주로인해 만족하고 - 나의입술 사랑으로 가득차네 -
G C/E F C/E F F/A G/B C
나의삶은 주로인해 행복하고 - 나의입술 사랑으로 가득차네 -
G C/E C Dm G/B
내 영혼사랑으로 가득채우고 변화시킨주의사랑 영원 해
G C/E C Dm G/B C
D.C
내 영혼살리시려 십자가지고 구원하신주의사랑 영원 해

10 너희는 모든 악독과

(엡 4:31-32 / 고후 2:10-11)

말씀

작사 & 작곡 이순희

♩= 76

C F/A G F G
너희 는 모든악독 과 노함과 분냄과 떠드는것 과

5 C F/A G C/E
비방 하 는것 을 모든악의 와 함께버 리 고

10 F G F C/E C G/B
서로 친절하게하며 불쌍히 여기며 서로용서하 기 를

15 F/A G G/B 1. C 2. C
하나 님 이 그리스도 안에서 너희를 용서하심과같이하 라 라

21 C G/B C Dm G/B
너 희가 - 무슨 일에든지 누구를 용서하 면

25 F/A C G/B C Dm G/B
나 도 그리하 고 내가만일 용서한 일이있으 면

29 F/A G F C/E F G F G C
용서한그것은 너희를위하여그리스도 앞 에서 한것이 니

33 C F/A C G/B C G/B
이는 우 리로 사탄에 게 속지않 게 하려함이 라

38 C F/A G C/E G G/B C
우리 는 그 계책 을 알지못하 는바가 아니로 라

목마른 내 영혼에

회복

작사 & 작곡 이순희

♩=76

목마른 -내영혼에 생수의강 흘러넘치네
메마른 -내영혼에 생수의강 흘러넘치네

주의크 -신은혜로 나의삶이 새로워지네 네
주의크 -신은혜로 나의영이 기뻐춤추

갈 급한나의영혼에 생수의강흘러넘치네

갈 급한나의영혼에 맑은물을뿌려주시네

모 든더러운것에서 우상숭배에서 정결하게하시네

새 영과새마음주사 육신에서 굳은마음제거하시네

주의말 -씀지키며 말씀대로 살게하시네

나를정 -케하신주 영원토록 찬양하리라

12 복음을 깨닫는 자

복음

작사 & 작곡 이순희

♩= 80

C Dm C/E F G G/B
복 음을깨닫는 자 변 하여새사람의 옷을입 네

C F/A F G C
복 음을의지하는 자 결코두려움 없 네

Fine.

G/E F G Am G/B F G
복 음 을 증거하는자 많은영혼주께로 인도하 네

G/E F C/E Dm C/E Dm/F G C
주 안 에 사 는 자 주안에서참된평안 누 리 네

C Dm C/E G F G/F F G /B
우리모두 복음 의 능력을 체 험 하 세

C Dm C/E F C/E Dm G7 C
우리모두 복음 의 능력으로 빛 을 발 하 세

D.C

사명

부르심의 상을 위해

13

(빌 3:12–14)

작사 & 작곡 이순희
♩= 86
부르심의상을위해 달려나가리 푯대를 향하 여
내 가이미 얻 었다 함 도 아니 요
온 - 전히 이 루었다함 도 아니 라
오 직내 가 그리스도예수께 잡힌바된 그것 을
잡 으려 고 푯대를향해 달 려가 노 라
각 사람에게 행한 대로 갚아주시는 주 님
육 신의몸이 있을 때에 기름준비하게하시 네
푯 - 대를 향 하여 달 려 나가 리
하나님이위에서 부 르신 부르 심의상을 위하 여

14 부활의 아침

부활

작사 & 작곡 이순희

♩= 110

C Dm C/E Am G/B C

부 활의 아 침 밝은빛이비추이 네

부 활의 기 쁨 온세상에가득차 네

5 C Dm C/E Am G G/B C C/E

주 님의 사 랑 우리맘을가득채워 요

주 님의 은 혜 우리삶에스며들어 요

9 Am G/B Dm C/E F F♯dim G

사망권세이기신 주 죽 음을 이기신 승 리의 주

13 Am G/B Dm C/E F G G/B C

어둠속에빛을비추 사 우리에게 생명과 자유주셨 네

17 C Dm G/B Dm Dm/F G G/B

할렐루야기뻐 춤을춰 요 주님살아나 셨 네

21 C Dm G/B F/A G/B C

모든죄와슬픔 이기신 주 예수님을찬 양 해

사랑의 주님이

작사 & 작곡 이순희

♩= 80
C C/E Dm C/E F G C F/G
사 랑의 주님 이 나와 함께 하시 면
C C/E F C/G G C C/E
어 떤어 려움 도 넉넉 히이길수있 네
F G F/A F♯dim G
고 난속에도 주 님은 나 의힘 되시 네
F G Dm G/B C
세 상이기고 환 경을 이 길힘 주시 네
C Dm Em Am F F♯dim G G/B
거 칠고험한 세상속 에 길을잃지 않도 록
C Dm Em Am F F/G G C
사 랑의주님 내삶에 빛 빛이되어 주시 네

16 사랑하는 성도여

찬양

작사 & 작곡 이순희

♩= 80
C Dm F G C/E C
사랑하는성도여 - 주를높이세 주 - 의이름높이 세
전심으로부르짖는 우리의찬양 악한권세물리치 네
5
C Dm F G C/E F G C C/E
Fine
온천하에다니며 - 만민에 - 게 복 음전 하 세
전심으로부르짖는 능력의찬양 자 유케 하 네
9
G Am G G/B
소 리높여부르 는 우 리의 찬 양
13
G Am Dm G7 C C/E
하 나님의마음 을 감 동시 키 네
17
G F G Am C/E F Dm G
새 노래곧 우리 하나님께 - 올릴 찬송을내입 에두셨으니
21
G F G/E Am C/E F G7 C
D.C
많은사람이 보고 두려워하여 여호 와를 의지 하 리로다

살랑살랑 내 가슴을

사랑

작사 & 작곡 이순희

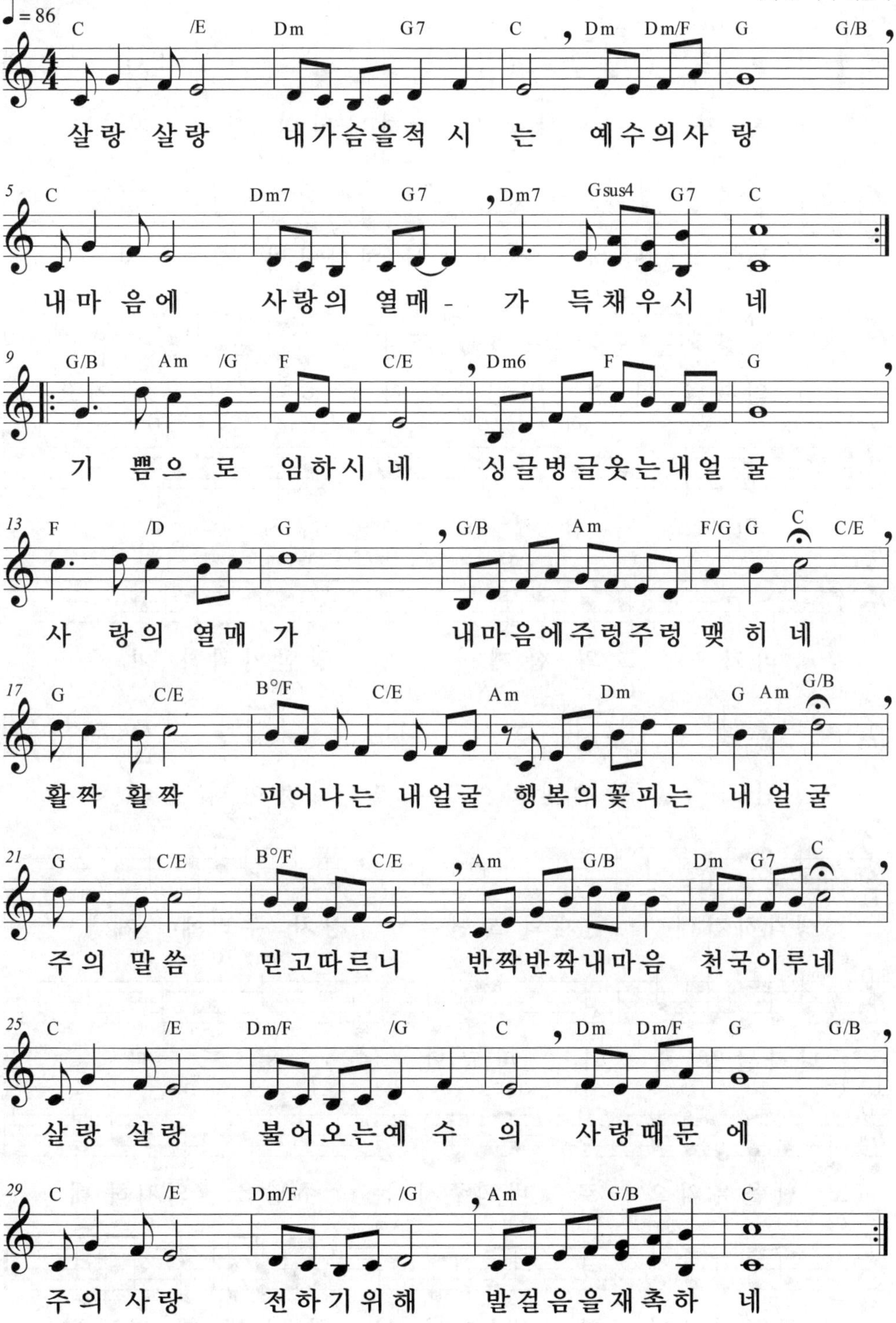

♩= 86

C /E Dm G7 C Dm Dm/F G G/B

살랑 살랑 내가슴을적 시 는 예수의사 랑

C Dm7 G7 Dm7 Gsus4 G7 C

내마 음에 사랑의 열매 - 가 득채우시 네

G/B Am /G F C/E Dm6 F G

기 쁨으 로 임하시 네 싱글벙글웃는내얼 굴

F /D G G/B Am F/G G C C/E

사 랑의 열매 가 내마음에주렁주렁 맺 히 네

G C/E B°/F C/E Am Dm G Am G/B

활짝 활짝 피어나는 내얼굴 행복의꽃피는 내 얼 굴

G C/E B°/F C/E Am G/B Dm G7 C

주의 말씀 믿고따르니 반짝반짝내마음 천국이루네

C /E Dm/F /G C Dm Dm/F G G/B

살랑 살랑 불어오는예 수 의 사랑때문 에

C /E Dm/F /G Am G/B C

주의 사랑 전하기위해 발걸음을재촉하 네

18

상속자 우린 상속자

말씀

(롬 8:17-18)

작사 & 작곡 이순희

상 속 자 우린상속자 하나님의 상속 자
우리 는주의 자 녀 살아계신 하나님의 상속 자
주님 의자녀 이 면 또한상속 자 곧 하나님의 상속 자요
그 리스도 와 함 께 한 상 속자 니
우 리가 그와 함께 영 광받기위하 여
고 난도 함께받아야 할 것이니 라
생각하건데 현재의 고난은 장차 우리에 게
나타날영 광 과 비교할 수 없 도 다
고 난을유익으 로 바꿔주시 는 주님을 의지하 네
거 룩한하나님 의 상속자되 어 천국누리 기 원하네

성령으로 깨어난

작사 & 작곡 이순희
♩= 90
C G/B Am F F/D G G/B
성 령으로깨어 난 내영혼 새 사람이되었 네
C G/B Am Dm G/B C
성 령으로깨어 난 내영혼 주 님의뜻행하 네
F G F/A G/B Dm G
사 랑의빛이 내 맘에가득 채 워 지 니
F G F G/B Dm G C
어 두운세상 빛 을발하며 축 복의통로되 리
C Dm G/B F F♯dim G G/B
언제어디서든 밝게비추며 세상에 빛 전하 리
C Dm G/B F/A G/B C
언제어디서든 주의지하여 새로운삶살아가 리
C G/B Am F F♯dim G G/B
성 령님이내마 음에계셔서 참 행복을느끼 네
C G/B Am Dm G/B C
성 령님이내마 음에계셔서 참 만족을느끼 네

20 성령의 불길이 나의 죄를

성령

작사 & 작곡 이순희

♩= 86

C C/E F G G/B

성 령의불 길 이 나의죄를태우시 네

5 C Dm G/B C C/E

나 의영혼 새롭게 변 화시키시 네

Fine.

9 G G/B F/A G

성 령의 불길 이 나의상처태우시 네

13 G F C/E G G/B C C/E

나 의영 혼 참된기 쁨 흘 러넘 치 네

17 G F G7 G7/B G

성 령의충만받아 복음전하리 주의복음전 하 리

21 G F G7 G7/B C

성 령의능력받아 복음전하며 주의이름높 이 리

D.C

성령의 은사 받으라

(고전 12:7-11)

작사 & 작곡 이순희

♩= 76
성 령의 은사 받 으 라 성 령의은사받으 라
Fine.
각 사람에게 성 령 을 나 타내 심 은
유 익하게하려 하심이 라 어 떤사람에게 는
성 령으 로 말미암아 지 혜의 말씀 을
다른사람 에게 는 같은성령 으로- 믿 음 을
어떤사람 에게 는 한 성령 으로- 병고치는 은 사 를
어 떤 사람에게 는 능력행함 을 예언함 을
영 들 분별함을 각종방언말함을 방언들통역함을 주시나 니
이 모든 일 은 같 은 한 성령이 행하 사
주 의뜻대로 각 사람에 게 나누어 주시는 것이니 라
D.C

22 성령의 인도받는 자

성령

작사 & 작곡 이순희
♩= 80
C C/E F G G/B C
성 령의인도받는 자 하늘의것구하며사 네
C C/E F G C C/E
성 령의인도받는 자 천 - 국을누리며사 네
Fine.
G F C/E G F G
어 둠에서빛으 로 사망에서생명으 로
G F C/E G F G C/E
마 음천국누리 며 의와평강희락넘치 네
C G/B C Dm F G
주 님을주인으로 모셔들이니 모든것을초월하여 기쁨누리네
C G/B C Dm F G C
주 님을주인으로 모셔들이니 어떤환경속에서도 두렵지않네
C G/B F/A G/B C
하 늘에속한사랑 흘러넘치네 나는결코놀라지않 네
C G/B F/A G/B C
하 늘에속한능력 흘러넘치네 참된자유누리며사 네
D.C

성령의 인도하심 따라

작사 & 작곡 이순희

♩= 80
C C/E Dm C/E F G
성 령의 인도하 심 - 따 라 주 의뜻 이루기 원 하 네
나 의주 내기도 들으시 네 내 인생 변화시 키 시 네
C C/E Dm C/E F G C
주 님의 말씀에 순종하 여 주 의길 따르기 원 하 네
뜨 거운 성령의 불 - 길 이 내 모든 죄를태 우 시 네
Fine
G G/B C Dm G/B
내 삶을 주께드리며 주님과 동행하기 원 하 네
G G/B C Dm G/B C
내 삶을 주께드리며 날마다 찬양하기 원 하 네
C Dm C/E F G G/B
주님의사랑 주님의은혜 내삶에 가득차게 하 소 서
주님의평안 주님의기쁨 내삶에 가득차게 하 소 서
C Dm C/E F G G/B C
성령의능력 성령의위로 내맘에 충만하게 하 소 서
성령의능력 성령의지혜 내맘에 충만하게 하 소 서
D.C

24 어둠을 밝히시는 주님의 빛

빛

작사 & 작곡 이순희

♩= 80
C C/E G C/E Dm G/B C C/G
어 둠을밝히시 - 는 주님의빛 나를비추 소 서
주 님의은혜내맘 에 가득채워 감사가넘 치 네
5 C C/E G C/E Dm G/B C C/E
내 안의죄와상 - 처 치료하여 자유케하 소 서
주 님의사랑내맘 에 가득채워 자유케하 시 네
Fine
9 G F C/E F G
3
간 절한 마음으로 주 께나와 간구하오니
13 G F C/E F G G/B C C/E
3
이 시간 성-령 의 능 력으로 치유하소서
17 G F C/E CM7 Dm7 G/B
사 랑 의 나 의 주 응답하여주 시 네
21 G F C/E CM7 G/B C
능 력 의 나 의 주 치료하여주 시 네
D.C

인도

여호와는 나의 목자시니 25

(시 23:1-6)

작사 & 작곡 이순희

♩= 84

여호 와는 나의 목 자시니 - 내게부족함 없다 네

5 여호 와는 나의 피 난처니 - 나는결코두렵지않 네

9 그 가나 를 푸른풀밭으로 - 쉴 만한물 가 로

13 인 도하시니 내영혼에평안 - 넘 쳐 흐 르 네

17 사 망 의 음침한 골짜기로 다닐 지 라 도

21 해 를 두 려 워하지 않 네 - 주 께서 나 와함께 하 시 니

25 주의 지팡이와 막 대 기 나를안위하 시 네

29 주님 내원수의 목 전에 서 내게상을차 려주시 니

33 내게 기름 부어 주 - 시 니 - 내 - 잔이넘 치 - 네

37 주의 인자 하심 선하심이 - 영원토록나를따르 리

26 여호와는 나의 빛이요

빛

(시 27:1)

작사 & 작곡 이순희

♩= 80
여 호와는 나의빛이요 나 의구원이시 니
하 나님의 크신사랑이 항 상함께하시 니
내 가누구를 두려워하리 결 코두려움없 네
모 든아픔이 사 - 라지네 참 된평강누리 네
Fine
여호 와는 내 생명의 능 력이 시 니
내가 누구를 무서워하리 놀 라지 않 네
하나님이 우리에 게 주시는마 음 두려워하는마음아니요
오직능력과 사랑 과 절제하는 마 음 이라 네
나 는두려움없 네 나 는놀라지않 네
내 가어딜가든 지 나 와동행하시 네
D.C

여호와를 경외하는 자

(말 4:2-3)

작사 & 작곡 이순희

♩= 80
여호 와를 경외하는자 축 복받 으 리
여호 와를 경 외 하 는 자 치 료받 으 리
내 이 름 을 경 외 하 는 너 희 에 게 는
공 의 로 운 해 가 떠 올 라 서
치 료 하 는 광 선 을 비 추 리 니
너 희 가 나 가 서 외 양 간 에 서 나 온
송 아 지 같 이 뛰 리 라 기 뻐 뛰 리 라
또 너희가 악인 을 밟을것이니 그들이 내가정 한 날 에
너희발바닥 밑에 재와같으리라 만군의여호와의 말이니라

28 여호와를 송축하라

말씀

(시 103:1-5)

작사 & 작곡 이순희
♩= 90
C G/B F/A C Dm G/B C
여호 와를 송축 하라 내영혼아여호와를 송축하라
C Am Dm Em F Dm G
내 속에있는것들 아 다 그의 거룩한 이름을 송축하라
C Dm G/B F/A G G/B C C/E
내 영혼아 여호 와를송축하며 그의모든은택을 잊지 말지어다
G G/B F/A G
그 가네 모든 죄 악 을 사 하 시 며
G Em7 Dm7 G7 C/E F/G
네 모든 병을 고치시 며 네 생 명 을
C Dm Em Am C Dm G7
파멸에서 속량 하 시 고 인자와긍휼로관을 씌우시며
C Dm Em Am C Dm G
좋은것으로 네 소 원 을 만족하게하 사 네 청춘을
Dm G/B Dm G/B C
독 수리 같 이 새 롭 게 하시는 도 다

예수님의 사랑 나를 감싸네

사랑

작사 & 작곡 이순희

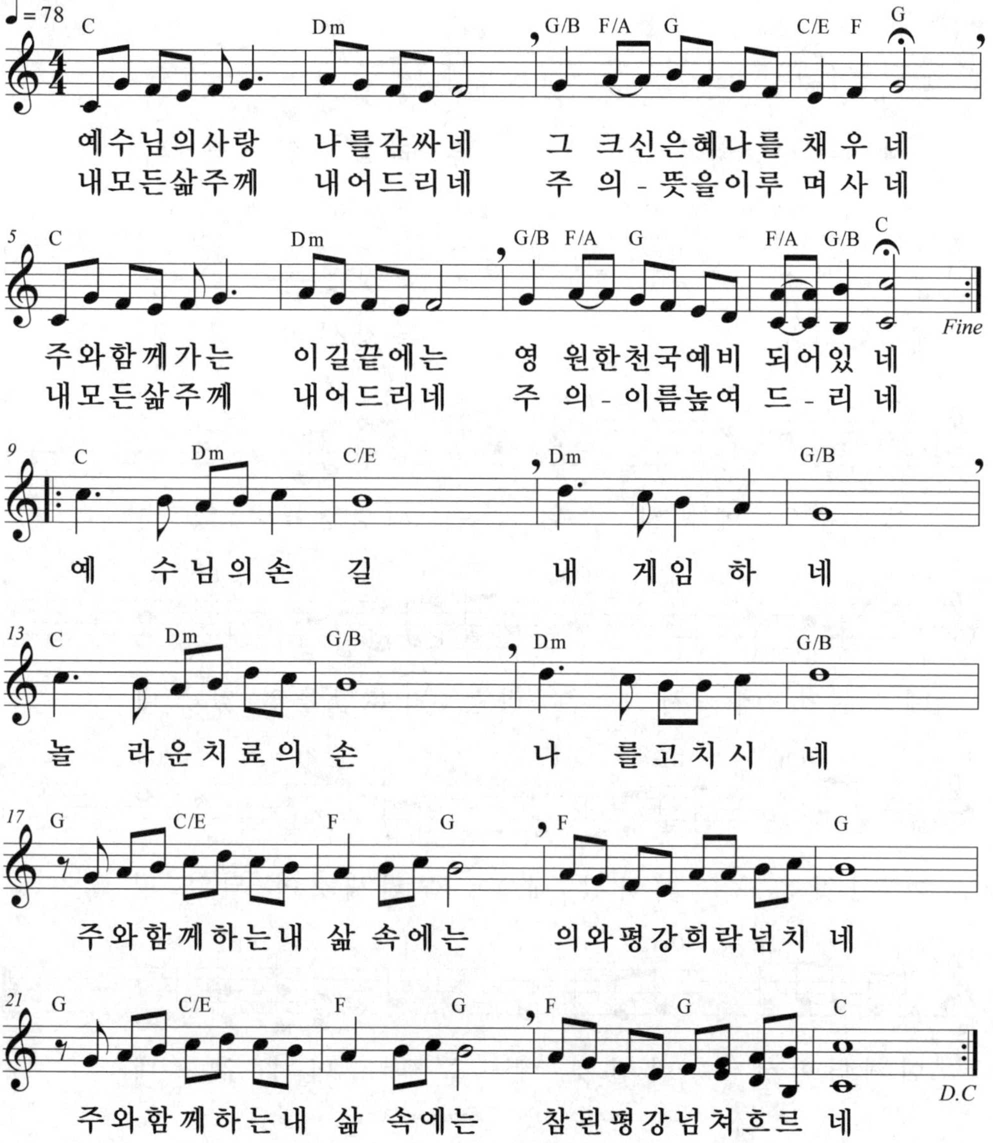

♩=78

예수님의사랑 나를감싸네 그 크신은혜나를 채 우 네
내모든삶주께 내어드리네 주 의 - 뜻을이루 며 사 네

주와함께가는 이길끝에는 영 원한천국예비 되어있 네
내모든삶주께 내어드리네 주 의 - 이름높여 드 - 리 네

Fine

예 수님의손 길 내 게임 하 네

놀 라운치료의 손 나 를고치시 네

주와함께하는내 삶 속에는 의와평강희락넘치 네

주와함께하는내 삶 속에는 참된평강넘쳐흐르 네

D.C

30 예수의 보혈로

보혈

작사 & 작곡 이순희

♩=90
C Dm G F F/D G G/B
예 수의보 혈 로 우 리를구원하셨 네
5 C Dm G F G G/B C C/E
예 수의보 혈 로 모 든죄씻어주셨 네
9 G Am G F F/D G
예 수안 에 서 우 리는 새생명을얻 었 네
13 G Am Em Dm G G/B C
예 수안 에 서 우 리는 자유함을얻 었 네
17 F C/E Dm C/E G F/A G/B
이 전것은 지나갔 네 보라새것이 되었 네
21 F C/E Dm C/E F G C
이제더이상 이전것 에 매 이지 않 네

우리 모두 에바다의

작사 & 작곡 이순희

♩= 78
C Dm G/B C C/E Dm G/B
우리모두 에바다 의 은혜를받아 막힘없는 인생 살아가세
C Dm G/B C C/E F G C
에바다의 은혜가 우리에게임하면 막혔던모 든것 풀어지네
G F G C/E G F G
닫 혀버린 영의눈을뜨면 영적존재분별하 고
G F G C/E G G/B C C/E
닫 혀버린 영의귀를열면 말씀듣고깨 달 아
G F F/A G/B C Dm G/B
변 화되어 성 령의열매맺으 며 살아가 네
G F F/A C Dm G/B C
빛 의열매 모든착함과의로움 진실함을 따르 네
C Dm G/B C Dm G/B
영적인 마음문 열 리면 주님예비하신축복받 네
C Dm G/B C G/B C
우리모두 성령의 인도받아 주님의뜻이루며사 네

32 우리의 생각이

깨어짐

(사 55:8-9)

작사 & 작곡 이순희

♩= 80
우리 의생각 이 깨어진 자리에 성령임하 네
우리 의정욕 이 깨어진 자리에 능력임하 네
보 혈의피로 씻겨지지 않은 우리의생각 모두 틀 리 네
육 적인생각 세상적인 가치 관 깨뜨려 주의 지하 세
내생각과주의생 각 다르고 내길과주의길도 다 르 네
하늘이땅보다 높음같 이 주의길은내길보 다 - 높 네
주의생각내생각 보다높 네
교 만한자를 물리치시고 겸손한 자에게 능력주시네
하 나님말씀 따라살면서 순종하는자를통해 역사하시네
겸손 히주의말씀 에 순종하여 능 력 받 으 - 세
하나 님의 뜻 을 따라가면 서 열매맺으며사 네

육체의 욕심 이루지 않고 33

(고전 2:9–10)

작사 & 작곡 이순희

♩= 80
육 체의욕심 이루지않고 성 령을 따라 살기원하네
육 체의소욕 성령을거스르고 성령은 육체를 거스르 네
우 리 모두 성령을따라 주 님의 뜻이루 세
우 리 모두 성령을따라 열 매맺 으 세
하나님이사랑하는 자녀에 게 허락하신모든축 복
눈 으로보지못하 고 귀로듣지 못하고 사람의 마음으로도
생 각하지 못 하 였다 함 과 같으니 라
오 직 하나님이 성 령으로 이것을우리에게 보이셨으니
성령 은모든것 하나님의깊은것까 지 통달하시 느 니 라

34 자비와 은혜가

작사 & 작곡 이순희
♩= 80
자 비와은 혜 가 우 리를감 싸 며
예 수의사 랑 이 우 리를이 끄 네
Fine.
주님과동행하는 우리의손이 세상을치유하고 회복시키네
소외된이웃에게 주사랑으로 섬김과나눔을 실천 하며
영원토록주 님 을 찬 양하며 사 네
영원토록주 님 을 높 이 - 며 사 네
D.C

자아를 깨뜨리니

35

작사 & 작곡 이순희

♩= 80
C Dm C/E G F G G/B
자 - 아를깨뜨리 니 내 - 영혼깨어나 네
죽어있던영혼들 이 기뻐뛰며찬양하 네
5 C Dm C/E G F G C C/E
자 아를깨뜨리 - 니 내영혼이자유롭 네
많 은영혼기뻐뛰 니 내영혼도춤을추 네
Fine.
9 F G F C/E G F G
주 를향한 - 나의 마음 새 롭게피어나 네
13 F G F C/E G F G C C/E
주 를향한 - 나의 마음 불길같이타오르 네
17 G G/B C G/B F/A G
나 의 마음 기뻐뛰네 나의영혼춤을추 네
21 G F C/E G G/B C C/G
주 님 의 말씀앞 에 순종하고복종하 네
25 C G/B F/A G C/E F G G/B
나 의주님 나를 통해 하실일이기대되 네
29 C G/B F/A G C/E G G/B C
나 의 주님 나를통해 죽은영혼살리시 네
D.C

36 정죄함 없네

말씀

(롬 8:1–2)

작사 & 작곡 이순희
♩= 90
정 죄 함없네 정죄함없네 결코정죄함 없 네
그리 스도 예수안에있는자에 게 결코정죄 함 없 네
그리 스도 예수안에있는생명 의 성령의법 이
나 를 해방시키 셨 네 죄와사망의 법에 서
우 리 를 해방시키셨네 결코정죄함 없 네
죄 와 사망 의 법 에서 우릴해방시키셨 네
내죄씻었네 내죄씻었네 예수십자가의보혈 로
해방되었네 해방되었네 진리안에자유하 네

주님의 밝은 빛

작사 & 작곡 이순희

♩= 80
C G/B F/A G/B
주 님의 밝은 빛 어 둠을밝히시 네
영 원한 주의 빛 내 영혼비추시 니
5
C G/B F/A G/B C C/G
주 - 님의 밝은 빛 내영혼에소망주 네
이땅에서 천국 을 맛 - 보며살아가 네
Fine
9
C G/B F/A G G/B
나 이 제 하나님의은혜와 사 랑받 으 며
13
C G/B F/A G/B C
나 이 제 부르심의소망따라 달 려나 가 네
D.C

38 주님의 사랑은 깊고 넓어

사랑

작사 & 작곡 이순희

♩= 80
C G/D C G/B C G/B
주님 의사랑은 깊고넓 어 나를감싸안아 품고계시네
5 C G/D C G/B C G/B C
주님 의은혜가 흘러넘 쳐 나의마음가득 채워주시네
Fine
9 G C/E Dm G/B C Dm G/B
수고하고무거운짐 주께맡기고 주만바라보기원하 네
13 G C/E Dm G/B C G/B F/A G/B C
겸손하고온유한 주님을닮아 많은영혼주께로 인도하겠네
17 G7 F G C/E F C/E F G
고난과 시련으로 가득한길 그길이 생명의길 영광의 길
21 G7 C/E F G F G G/B C C/E
나는결코그길을 갈수없지만 주님인도 하시 네
25 G F C/E C Dm7 G7/B
좁 은문 좁 은길 그길만이생명의 길
29 G F C/E C G/B C
사 랑의 나 의주 진 - 리로인도하시 네
D.C

믿음

주님의 은혜는 나의 힘과 소망 39

C

작사 & 작곡 이순희

♩= 78
C Dm G7/B C
주님 의 은혜 는 나의힘과 소망되 네
5 C Dm G7/B C C/E
주님 의 사랑 은 영원하고 변함없 네
9 G F G C/E G F G
어 떠한시련 이 내게닥쳐도 나는 두렵지않 네
13 G F G C/E G F G C C/E
사 랑의주님 이 함께하시니 근심 걱정 없 네
17 G F C/E F G
고 난을 이길 힘을 주신 사 랑의나 의 주
21 G F C/E F G G/B C
세 상을 이길 힘을 주신 능 력의나 의 주
25 C G/B F/A G F Dm G/B
굳건한믿음 참된믿음 으로 말씀따라살아가 면
29 C G/B F/A G F G C
주의밝은빛 나를의의 길로 인 도 하 시 네
33 C Dm G7/B C
주님 의 은혜 로 나의영혼 평안하 네
37 C Dm G7/B C
주님 의 사랑으 로 나의영혼 자유하 네

40 주로 인해 나는 정말

맡김

작사 & 작곡 이순희
주로 인해 나는 정말 행복한삶살아갑니 다
주로 인해 나는 정말 복된삶을살아갑니 다
오 직주님만 이 나의반석 이요 나의구원 이 시 니
오 직주님만 이 나의기쁨 이요 나의소망 되 시 네
주님께 내모든것 드립니 다 나를받아주 소 서
주님께 내모든삶 드립니 다 나를인도하 소 서
날마 다주님의은 혜 넘쳐흘러새로워지 네
날마 다주님의사 랑 넘쳐흘러기뻐춤추 네

주 보혈의 능력이

작사 & 작곡 이순희

C Dm C/E F G
주 보혈의능력 이 우 리를 - 감싸 네
주 보혈의능력 이 나 를새롭게하 네
C Dm C/E F G C C/E
주 보혈의힘으 로 세 상을 - 이기 네
그 놀라운사랑 을 찬 양하며사 - 네
Fine
F G F C/E G C/E
주님 의사 랑 은 영원 하고 끝이 없 네
F G F C/E F G C C/E
십자 가의 보혈 로 우린 자유 를누 리 네
G C/E Dm C/E F G
영 원한 생명 의 소망을 향해 달려가 네
G C/E F G C
죄 와어 둠속 에 비추이 는 그놀라운 빛
D.C.

42

주의 보혈 능력있네

보혈

작사 & 작곡 이순희

♩= 84
C G/B F/A G F G C
주 의보혈 능력있네 - 나를새롭게 하시 네
C G/B F/A G F G C
주 의보혈 능력있네 - 나를강건케 하시 네
Fine
C Dm G/B C F/A G G/B
십 자가의 그사 랑이 나를변화시키시 네
C Dm G/B C F/A C G/B C C/E
십 자가의 그능 력이 나를치료 하시 네
F G G/B G F G
십자 가에서 흘리신 피가 내모든죄사하 셨 네
F G G/B G F G C C/E
십자 가에서 흘리신 피가 내모든병고치 셨 네
G C/E C G/B F/A Dm G
아 하 보혈의능력 나를정결케 하시 네
G C/E C G/B F/A Dm G/B C
아 하 보혈의능력 나를자유케 하시 네
D.C

주의 빛을 비추며

작사 & 작곡 이순희

♩= 100

C F C/E Dm F G G/B

주의빛을비 추 며 세상으로 나아가 복음전하 리

5 C Am Em F D/F♯ G C/E G/B C

어둔세상속 에 서 빛을발하 며 주의영광 나타내 리

9 F C/E Dm G F F/D G

주 님나와 함께하시니 나는두려움 없 네

13 F C/E Dm G F G G/B C

주 님나를 인도하시니 세상에 빛을발하 리

44

참된 믿음으로

믿음

작사 & 작곡 이순희
♩= 80
참 된믿음으로 걸어 가세 어둠속을밝히는 주의빛따라
희 망의빛안고 달려 가세 모든어려움이겨낼 빛을받 - 아
때 로는어려운 시련속에서 견 디기힘들어 탄식하지만
믿 음의힘으로 영원을향해 한걸음씩나아가며 견뎌낼거야
그 깊은믿음 은 저하늘에별 처 럼
끝 없는희망 을 안 겨 줄 거 야
참 된 믿음을 소유한자는 세 상의모든것 이길수있어
참 된 믿음을 소유한자는 어떤상황속에도 절망치않네
주 를향한마음 노래에담아 기쁨으로찬양하며 살아갈거야
내 안에피어나는 희망의꽃은 영원토록기쁨을 안겨줄거야

예배

참된 예배를 통해

작사 & 작곡 이순희

♩= 80
참 된예배를통 해 우리에 게 임하시는하나 님
참 된예배를통 해 우리를 깨 워주시는하나 님
깨 달 음 과 회개의영부어주시 네
내 영 혼 의 모든질병고쳐주시 네
하나님의 사랑으로 채워주시네 하나님의 능력으로 채워주시네
하나님의 평안으로 채워주시네 하나님의 기쁨으로 채워주시네
하 늘에속한사랑 흘러넘치네 나는결코두렵지않 네
하 늘에속한능력 흘러넘치네 참된자유누리며사 네

46 피난처 되신 주

인도

작사 & 작곡 이순희
♩= 86
피 난처되 신 주 나의인생 길 을 밝혀주소 서
피 난처되 신 주 나의인생 길 을 밝혀주시 네
피 난처되 신 주 나의삶을 인 도 하여주소 서
피 난처되 신 주 나의삶을 인 도 하여주시 네
Fine.
어 둠의 그늘 이 내게 몰려온다하 여 도
환 난과 핍박 이 나를 고통스럽게 하여 도
신실 하신 주를믿 고 어둠을 뚫고나가 리
어 둠의 그늘지 나 빛가운데나아가 리
하염없이흐르는 기쁨의눈물 새로운희망속에 바쁜발걸음
날구원하신주께 빚진자되어 온천하에다니며 복음전하리
D.C

피난처 되신 주여

인도

작사 & 작곡 이순희

♩= 80

C Dm C/E F G C/E

피난처 되신주 여 어둠을밝히시는주 여

5 C Dm C/E Dm G/B C C/E

주님의 밝은빛 가운데 로 나 아갑 니 다

9 G C/E G F G G/D

죄 와허물 씻어주시고 참 평안주시는주 님

13 G C/E G F G G/B C

주 의은혜와 사 - 랑으로 우리를 감싸시 네

17 C C/E F G G/B

어지러운세상가운 데 주품에서 누리 는

21 C G/B C Dm G/B C

참된안 식과평 안 참된 기쁨 과행 복

25 C Dm C/E F G C/E

사랑의 나의주 님 빛 - 으로인도하시 네

29 C Dm C/E F G G/B C

성령님 날인도 하 시 네 피 난처되 신 주

48 하나님의 나라 말에

열매

작사 & 작곡 이순희
♩= 90
하나님의나라 말에있지않고 능 력에 있 네
하나님의나라 말에있지않고 능 력에 있 네
하나님의나라 먹 고마시 는 것 아 니 요
오직성령안에 의 와평강 과 희 락 이 라
성 령 이 각 사람에게 나 누어주 시 는
지 혜 와 지 식의말씀 믿 음과병고치는 은 사 와
능 력행함과 예언함 과 영 분별의은사 를
각 종방언과 방언들 통역함을 주 시 나 니
이은사를받아 사랑희락화평 인 내와 자 비
양선충성온유 절제의 열매맺어 주 께영광돌리 세

하나님이 기뻐하시는 예배

작사 & 작곡 이순희

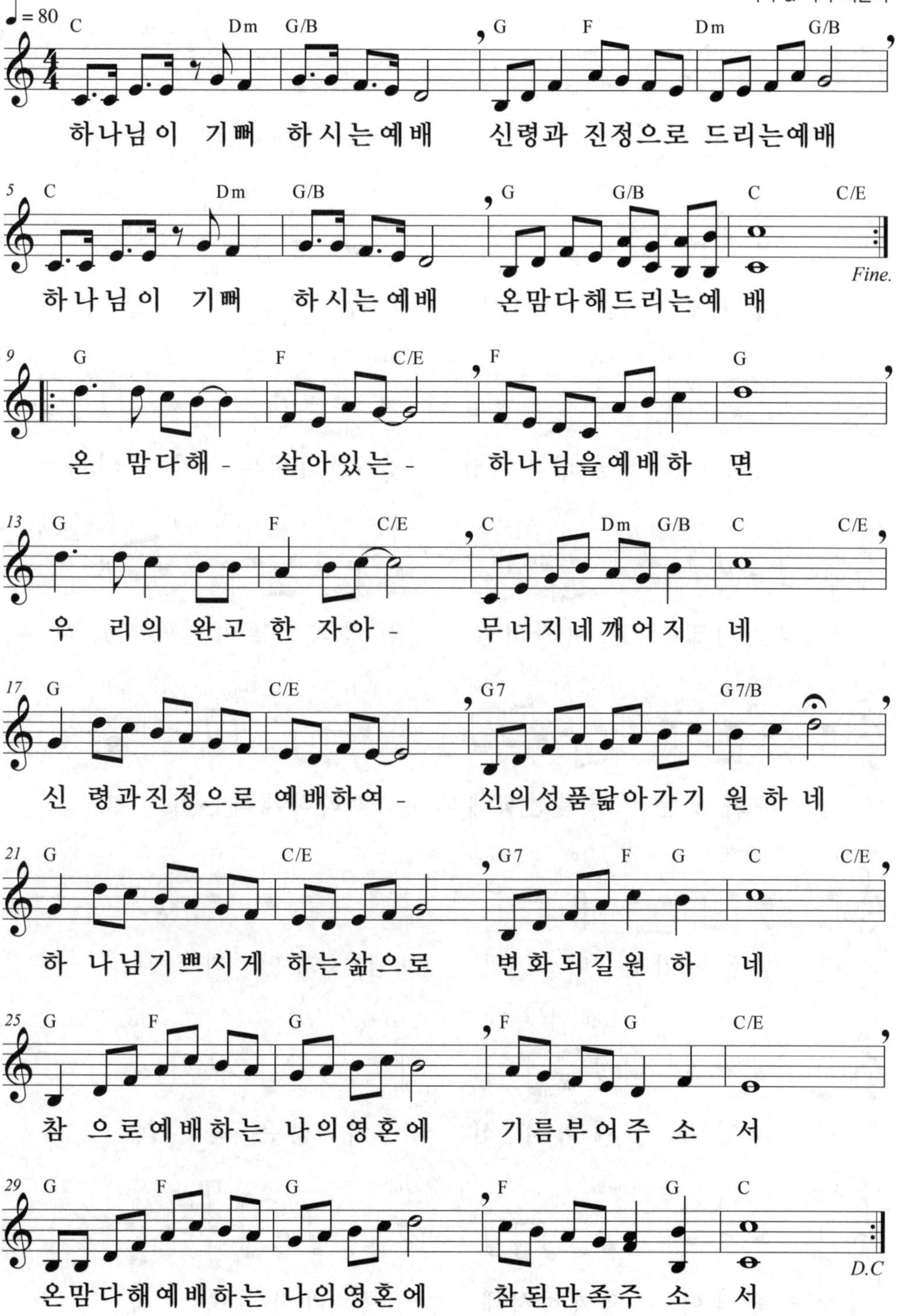
♩= 80
C Dm G/B G F Dm G/B
하나님이 기뻐 하시는예배 신령과 진정으로 드리는예배
C Dm G/B G G/B C C/E
하나님이 기뻐 하시는예배 온맘다해드리는예 배
Fine.
G F C/E F G
온 맘다해 - 살아있는 - 하나님을예배하 면
G F C/E C Dm G/B C C/E
우 리의 완고 한 자아 - 무너지네깨어지 네
G C/E G7 G7/B
신 령과진정으로 예배하여 - 신의성품닮아가기 원하네
G C/E G7 F G C C/E
하 나님기쁘시게 하는삶으로 변화되길원 하 네
G F G F G C/E
참 으로예배하는 나의영혼에 기름부어주 소 서
G F G F G C
온맘다해예배하는 나의영혼에 참된만족주 소 서
D.C

50 하나님이 예비하신

축복

작사 & 작곡 이순희

♩= 90
C G/B C Dm G/B
하 나님이 예비하신 수 많은축 복
5 C G/B C Dm G/B C
십 자가에 담겨있네 수 많은비 밀
9 C G/B Am C/E Dm C/E F G
진 리의비밀 생 명의비밀 승 리의비밀 축 복의비밀
13 C G/B Am C/E Dm C/E Em F G C C/E
사 랑의비밀 용 서의비밀 행 복의비밀이 담겨있네
17 F C/E Dm C G/B Dm G/B
십 자가에는 영적전쟁에서 승리하게하는비 밀
21 F C/E Dm G F G C
세 상살아가는비 밀 담 겨있 다 네
25 C G/B C Dm G/B
하 나님이 예비하 신 수 많은축 복
29 C G/B C Dm G/B C
성 령님이 알게하시네 예 비하신축 복

찬양

하늘에 반짝이는

51

C

작사 & 작곡 이순희

♩= 80

C G/B F/A C Dm G/B

하 늘에 반짝 이는 별 들의 노 래

5 C G/B F/A G G/B C C/E

바 람에 흔들 리는 나 뭇잎 - 의 춤

9 G F G F G

들 판에피어나는 이름모를꽃 푸릇푸릇돋아나는 새싹까지도

13 G F G F G G/B C

하나님을찬양하며 기뻐춤추네 땅과하늘하나님을 찬 - 양하네

17 G G/B C G/B Am

고 요하게흐르 는 시 냇물의노 래

21 G G/B G G/B C

하 늘에서지저귀 는 새 들의 노 래

25 C G/B F/A C Dm G/B

온 천하에 모든 만물 주 를찬양하 네

29 C G/B F/A G G/B C

우 리모두 영원 하신 주 를찬양하 세

52 강력한 영적 무기

영적전쟁

작사 & 작곡 이순희
강 력한영적무 기 예 수의보 혈
강 력한영적무 기 예 수의이 름
예 수의보혈로 죄의결박끊어 새사람이되기원하 네
예 수이름으로 어둠의영끊어 자유한삶살기원하 네
강 력한 영적무기 말 씀의 검
나 의모든정욕 찔 러 주님 의 뜻이 루 리
내 영혼을 짓누르 는 모 든 죄 악 들
내 영혼을 병들게하는 모 든 상 처 들
내 안에서지금 도 결 박하려하지 만
주 보혈예수이름 하나님의말씀 나를해방해방시켰 네

거룩한 주의 빛

작사 & 작곡 이순희
♩= 76
거 룩한주의빛 밝 은 빛 내마음에임하시 네
거 룩한주의빛 밝 은 빛 내영혼을채우시 네
어 둠에서빛으 로 사망에서 생명으로인도하시 는
주 님의빛밝은 빛 내안에서 일하시네치료하시 네
내영혼에 말씀의빛 비춰주시니 회개의영임 하 네
내영혼에 말씀의빛 비춰주시니 새롭게 변화되 네
죽어있던 나의영혼 살아 나네 모든어둠 떠나가네 자유케되네
나의영혼 기뻐뛰며 주를찬양해 나의영혼 주를향해 불타오르네
거 룩한주의빛 내영혼 에 가득채워정결케하 네
말씀따라살아가며 주뜻이루리 영원토록찬양하 리

54 굳은 마음 깨뜨리는

십자가

작사 & 작곡 이순희
♩=76
굳 은마 음 깨뜨리는 십 자가의능 력
부 드러운마음 으로 변화시키는 십 자가의능 력
육의생각깨뜨리 고 영의생 각따르게하는십자 가의능 력
죽은양심깨뜨리 고 깨끗한 양심얻게하는십자 가의능 력
상 처로인해 딱딱 하게 굳어버린마 음 도
죄악으로인해 어 - 둡고 더러워진마 음 도
깨뜨 리고 씻으 시는 십 자가의능 력
그능 력이 우리 영혼 살 려주 시 네
십 자가의 능 력앞에 깨어 진성도 는
온 전하신 하 나님의 사랑으로채워지 네

말씀

귀인들을 의지하지 말며

(시 146:3-4 / 시 37:5-6)

작사 & 작곡 이순희

♩= 90
D A/C# D G/B A A/C#
귀인들을 - 의지하지말며 - 도 울힘이없 는
D D/F# G A A/C# A
인생도 의지하지 말 지 니 그 의호흡이 끊어지 면
A A/C# D A/C# G/B A/C# D
흙 으로돌아가 서 그날에 그의생각이 소멸 하 리로다
A D/F# A G/B A C#
여호와를 - 의지하는자는 - 복 이있으리 라
D D/F# G D/F# G A D D/F#
네 길을여호와께 맡 기 라 그 를의지하 면
G D/F# A A/C# G/B G
그 가 이루시 고 네 의를 빛같이 나타내시 며
G D/F# G D/F# G A A/C# D
네 공의를 정 의의빛같이 하 시리 로 다

D

56 깨어진만큼 부서진만큼

깨어짐

작사 & 작곡 이순희

♩=76

깨 어진만큼 부서진만큼 주님나를통치하시 네

깨 어진만큼 부서진만큼 능력있는삶을사 네

Fine.

주 님말씀하시 네 나를따라오려거 든

자 기를부인하 고 자기십자가를지고 나를따르라

내려놓지못 하 면 평안하고 싶지만 불안하 고

담대하고싶 지 만 두려운 삶 살아가 네

비워진만큼 포기하는만큼 주님나와동역하시 네

무너진만큼 내려놓는만큼 자유한삶살아가 네

D.C

나의 삶을 불태우리

사명

작사 & 작곡 이순희

♩= 84

D Em D/F# G D/F# G A A/C#

나 의삶 을불 태우 리 불 태우 리 - 주 를위 해내 삶드 리 리
나 의삶 을불 태우 리 불 태우 리 - 주 의사 랑전 하며 살 리

5 D Em D/F# G D/F# G A A/C# D D/F#

주 를위 해나 의맘 을 불 태우 리 - 주 를위 해내 삶드 리 리
주 의평 강나 의맘 에 넘 쳐흘 러 - 나 의영 혼기 뻐춤 추 네

Fine.

9 G D/F# G D/F# G G/B A

영 원히 주를 위 해찬 양하 리 - 주의 이름 높 이 리

13 G D/F# G D/F# G A A/C# D D/F#

주 님의 영광 위 해헌 신하 리 - 주께 영광 돌 리 리

17 G A D/F# G A G G/B A

주 의 사랑 으로 내삶 채우 네 주의 말씀 따라 사 네

21 G A D/F# G A A/C# D

어 둠 속에 서도 빛을 발하 며 오 직주 만따 라가 네

D.C

58 나를 능하게 하신

성경

(딤전 1:12–17)

작사 & 작곡 이순희

♩= 80
나 를 능하게하신 그 리스 도예수 우 리주 께내 가감사함 은
내 가 전에는비방 자 요박 해자요 폭 행자 였으 나도 - 리 어
나 를 충성되이여 겨 내게 직분을 맡 기 심 이 니
긍 휼 을 - 입은것 은 내가 믿 지아 니 - 할 때 에
알 지 못 하 고 행하였 음이니 라
우리주의 은혜가 그리스도 예수안에있 는 믿음과사랑과 함께
넘치도록 풍 성하였도 다 미쁘다 모든사람 이 받을만한 이말이여
그리스도 예수께서 죄인을구원하시려고 세상에임하셨다 하였도 다
죄 인중 에내 가 괴수니라 그러나 내 가긍휼을입은까닭 은
예 수그리스도께서 내게먼저 일체 오 래참으심을 보 이 사
후 에주를믿어 영생 얻 는자들에게 본 이되 게하 려하심이 라

37
D D/F♯ A A/C♯ D G/B A A/C♯
영원하신왕곧 썩지아니하고 보이지 아니하고 홀로하나이 신
41
D D/F♯ A G A G A A/C♯ D
하 나 님 께 존귀와영광이영원무궁 하 도록 있 을지 어 다

어둠을 밝히시는 59

빛

작사 & 작곡 이순희

♩= 76

D D/F♯ G D/F♯ G A A/C♯
어 둠을밝히시 는 주의밝은 빛 흘러넘치 네

5
D D/F♯ G D/F♯ G A A/C♯ D D/F♯
어 둠을몰아내 는 주의밝은 빛 나를새롭 게 하시네

9
A A/C♯ D G/B A
내 영혼깊은곳 에 주의사랑흘러넘치 네

13
G A G A D
내 영혼깊은곳 에 주의평강흘러넘치 네

17
D D/F♯ A G A A/C♯
주 님의 뜨거 운 손 길 나의영혼감싸주시 네

21
D D/F♯ G A A/C♯ D
뜨 거운 성령 의 불 길 나를새롭게 하시 네

60 내 모든 삶 속에서

찬양

작사 & 작곡 이순희
♩= 76
내 모든삶속에 서 주의이름높 이 리
내 맘과정성다 해 주를경배하 리 라
삶 의 모든 순간순간 - 오직주만의지 하 리
기 쁠 때도 슬플때도 - 오직주만바라 보 리
주의은 혜 내영혼 가득채우 네 내삶을 채 우 네
주의사 랑 내영혼 자유케하 네 내삶을 변화시키네
영 원히변치않 는 주의크신사 랑 을
날 마다찬양하 며 주님의뜻이 루 리

내 모든 삶 주께 드리네

작사 & 작곡 이순희

♩=76
D D/F# G A G A D/F# A
내모든삶 - 주께드리네 내안에 주의사랑 가득차네
D D/F# G A G A A/C# D D/F#
내 모든 삶 - 주께드리네 내안에 주의은혜 가득차 네
G B Em7 A G A
주님앞에 - 내마음 모두드리네 오직주만기뻐하 네
G B Em7 A G A A/C# D D/F#
주님앞에 - 내생각 모두드리네 주의생각내생각 되 네
A D/F# A D/F# A G A
강 건한영혼으 로 주를섬기 며 주님의뜻 이 루 리
A D/F# A D/F# G A A/C# D
주 말씀나의삶 에 빛이되 어 오직주만 따라가 네
D D/F# G A G A D/F# A
주의은혜 - 나를강건케 하시 네 나를새롭 게 하시 네
D D/F# G A G A A/C# D
주 의능력 - 함께하시니 주 의복음전 - 하며 살아가 네

62 내 병든 몸 치료하시는

내적치유

작사 & 작곡 이순희
♩= 76
내 병든 몸 치료하시는 사랑의나 의 주
치 료의 주 찬양하리라 영 원토록 찬 양
내 아픈 상처 치료하시는 능 - 력의나 의 주
치 료의 주를 찬양하리라 사명감당하 리 라
오 놀라운 사 랑의주 내 게다가오시 네
오 놀라운 능 력의주 나 를치료하시 네
회복과권능이 나를강권하시네 나를변화시키시 네
회복과권능이 나를강권하시네 나를치료하시 네
치 료의 주 찬양하리라 영 원토록 찬 양
치 료의 주를 찬양하리라 사명감당하 리 라

내 영혼아 여호와를

(시 103:2-5)

작사 & 작곡 이순희
♩= 90
내 영 혼아 여호와를송 축하 라 송축하 라
여호와를 송축하 며 그의모든 은택을 잊지말 지 어 다
그 가네 모든 죄 악 을 사 하시 며
네 모든 병을 고치시 며 네 생명 을 파멸에 서
속량 하시고 - 인자와 긍휼로 관을씌우시 며
좋은것으로 네 - 소원을 만 족하게하 사
네 청춘을 독수리같이 새롭게 하시도 다

64 놀라운 치료의 능력

성령

작사 & 작곡 이순희

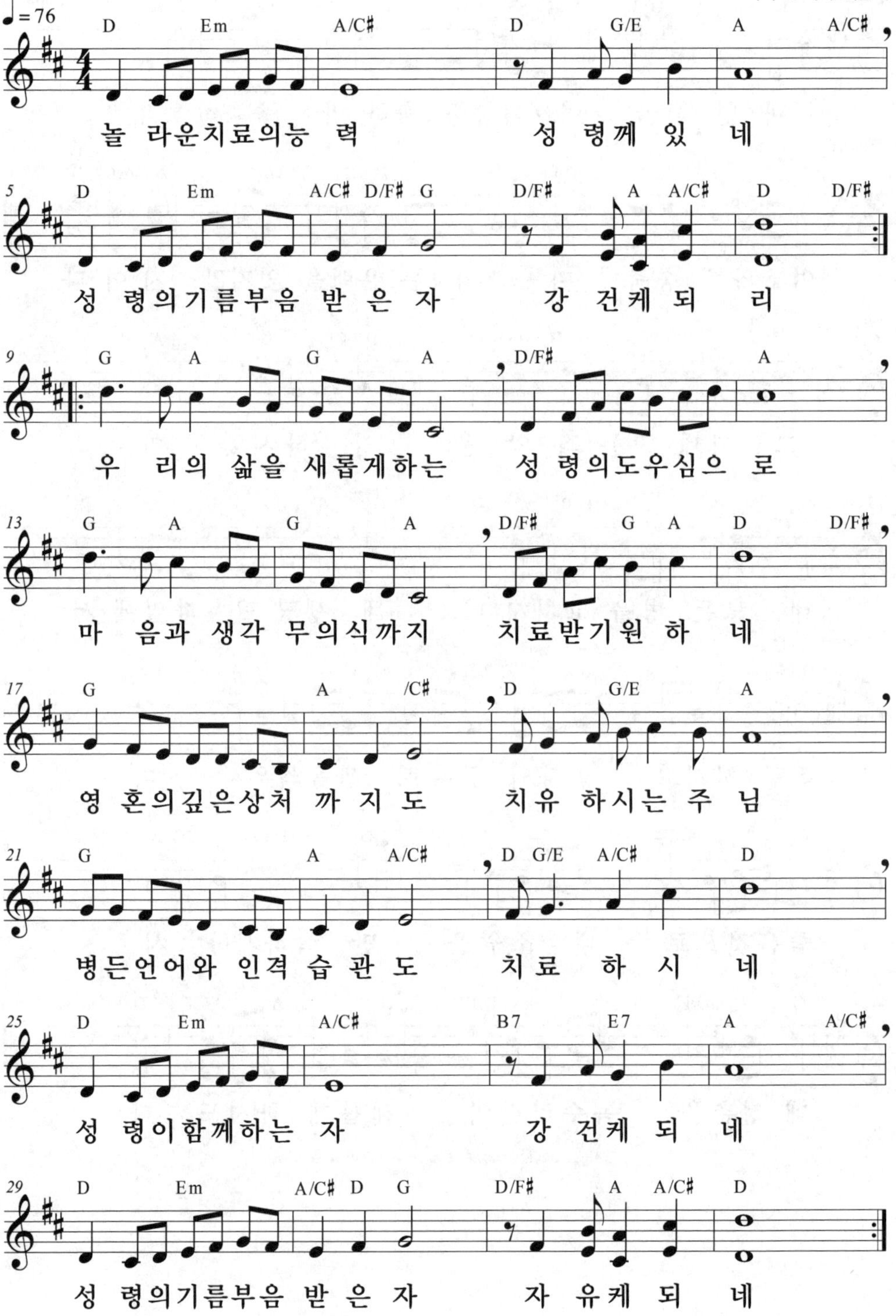

놀 라운치료의능 력 성 령께 있 네

성 령의기름부음 받 은 자 강 건케 되 리

우 리의 삶을 새롭게하는 성 령의도우심으 로

마 음과 생각 무의식까지 치료받기원 하 네

영 혼의깊은상처 까 지 도 치유 하시는 주 님

병든언어와 인격 습 관 도 치 료 하 시 네

성 령이함께하는 자 강 건케 되 네

성 령의기름부음 받 은 자 자 유케 되 네

말씀

담대하라 내가 세상을 65

(요 15:18–19 / 요 16:33)

작사 & 작곡 이순희

D

담 대 하라 내가 세상을 이 기었 노 라
Fine.
세 상 에서는 너 희 가 환 난을 당하 나
담 대 하라 내 가 세상을 이 기었 노 라
세 상이너희를 미워하 면 너희 보다 먼 저
나를미워한줄알 라 너희가 세상에 속하였으 면
세 상이자기의것 을 사 랑할것 이 나
너 희는세상에 속한자가아니요 도리어 내가너희 를
세상에서택하였기 에 세상이너희를 미 워 하느니 라
D.C

66 말씀이 육신이 되어

빛

작사 & 작곡 이순희
♩= 90
말씀이 육신이되 어 빛으로 오신나의 주
어두운 세상가운 데 빛으로 오신나의 주
Fine.
그 빛이 어둠 에 비추이되 어둠에 있는자들 이
깨 닫지 못하 네 그러나 우리주 님
포기하지 - 않으시고 - 다시찾아오 시 네
각 사람에게 - 비추시는 - 주님의 밝 은 빛
그 사랑의빛 - 나를찾으시네 - 불 러주 시 네
그사랑의광채가 나를감싸주시고 새로운삶살게 하시 네 -
빛으로오신주를 따르는자어둠에 다니지않고생명 의빛을얻네
D.C

물질

부하려 하는 자들은 67

(딤전 6:9-10 / 마 6:31,33)

작사 & 작곡 이순희

♩= 86
D A/C# D A/C# G/B D
부하려하 - 는자들 은 시험과올 - 무와 여러가지 -
D A/C# D G/B A
어리석고 - 해로 운 욕심에 떨 어지 나 니
G A D/F# G D/F# G A D D/F#
곧 사람 - 으로 파멸과 멸망에 빠지게하 - 는것이 라
G G/B A G A
돈 - 을사랑 함이 일만악의 뿌리가 되나 니
G A G D/F# A
이 - 것을 탐내는 자들은 미 혹을 받 아
G A D/F# G A A/C# D
믿음에서 떠나 많은근심 으로써 자기를찔렀도 다
G A D/F# G G/B A
그러므로 땅에 있는지체를죽이라 곧 음란과부정 과 사욕과
G A D/F# G A A/C# D
악한정욕과 탐심이 니 탐심은우상숭배니 라
D A/C# D D/F# G D/F# G A
무엇을먹 - 을까 무엇을마 - 실까 무엇을입 - 을까 염려하지말라
D A/C# D D/F# G D/F# G A D
먼저그의나라와 그의의를구하라 그리하면모든것을 더하시리라

D

68 생각과 마음이 지배하는

말씀

(롬 8:5–8)

작사 & 작곡 이순희
♩= 76
생 각과 마음 이 지배하 는 나의 인 생
생 각과 마음 과 입술을 주 님께 드 려
생 각과 마음 따 - 라 흘러가 는 나의 인 생
하 나님 기뻐 하시는 삶 - 을 살 아가 리 라
Fine.
육의생각 육적인인생 영의생각 영적인 인생 살게하 네
육신을따르는자는 육신의일을 영을 따르는자는 영의일 을생각하나니
육신의생각은사망이요 영 의생각은 생명과 평안이니 라
육 신의 생각 은 하나님과 원수가되 나 니
이 는하나님의법 에 굴복하지 아니할뿐 아니라 할수도없음이라
육신에있는자들은 하나님을 기쁘시게 할 수 없느니 라
D.C

성령이여 임하소서

작사 & 작곡 이순희

♩= 100
D Em D/F# Em/G Asus4 A
성 령 이여 임하 소서 내 게임하소 서
5
D Em D/F# G Em A D
내 마 음에 주의 능력 부 어주 - 소 서
내 마 음에 충만 하게 채 워주 - 소 서
9
Bm Bm/A G D/F# G A A#dim
성 령이여 내 삶 을 채우소서채우소 서
13
Bm Bm/A G D/F# A D
내 영혼에 평 안 과 기쁨가득채우소 서
17
D Em D/F# E/G E/G# Asus4 A
나 의삶에 주인 되어 나 를인도하소 서
21
D Em D/F# G Em A D
주 님의뜻 따르 면서 주 만섬기리 라

70

말씀

여호와의 선하심을

(시 34:8–10)

작사 & 작곡 이순희

♩= 90
여호와의 - 선하심을 - 맛 보아알지어 다
그에게 피하는 자 복 이있 도 다
여호와를경외하 라 그를경외 하는자 부족함없 네
젊 은 사 자 궁핍하여주릴지라 도
여 호 와를 찾 는 자 모 든좋은것 에
부족함이 없으 리로다 참된만족얻게되 네
여호와를 피난처 삼는자 결코부족함이없 네

예수 안에서 내려놓는 것이 71

작사 & 작곡 이순희

♩=76
예 수안에서 내려놓는것이 능 력이 라 네
예 수안에서 깨어지는것이 축 복이 라 네
십 자 가를통 해 생 각이깨어진만 큼
하나님의생각깨달 아 지 혜의능력을입 고
십 자 가를통 해 욕 심이깨어진만 큼
하나님의섭리깨달 아 참된평강누 리 네
십자가를 통해 고집이깨어진만 큼 참자유를 누 리 네
하나님의 성품 본받아사랑의능 력 힘입어사 네
우 리모두낮아 지고 자아를 깨 뜨림 으 로
예 수안에서 참된평강 누리며 주 의뜻 이루 세

72 예수 예수 그 이름에

기쁨

작사 & 작곡 이순희

♩=90

예수 예수 그 이름에 능력있네 -

예수 예수 영원토록 찬양하리 -

Fine.

하나님의 - 능력과 약속이 담겨있는 그이 름

하나님의 - 사랑과 희생이 담겨있는 그이 름

예 수이름이 면 악한권세떠나가 네

예 수이름이 면 모든결박풀어지 네

그이름만 불러 도 내영혼기뻐춤추 네

그이름만생각해 도 감격의눈물흐르 네

죽어가는 - 내영혼을 - 살리시고변화시킨 주

그이름을 - 의지하여 - 땅끝까지복음전하 리

D.C

깨어짐

완고한 자아를

73

작사 & 작곡 이순희

♩=76

완 고한 자 아 를 이루고 있는죄 는

강력한 철문이되 어 천국의 입구를 막는다 네

자아가만들어낸 견고한철문은 모든것을가로막 네

자아가만들어낸 견고한철문은 허무한삶살게하 네

인 생 의 모든 길이 막 힌사람들 은

행 복 하기 원하 지만 불 행한삶살아가 네

우 리모두 - 모 든 것 내려놓고자유하 세

죄로인한강력한철 문 날마다 무너뜨려천국이루 세

D

74 우리 방패이신

(시 84:9-12)

작사 & 작곡 이순희

우 리 방패이신 하나님이여 주 께서기름부으 신 자 의
얼 굴을살 펴 보옵소 서 살 펴보옵소 서
주 의궁정에서 의 한날이 다른곳에서 의 천날보 다
나 은즉 악 인 의 장 막에사는것보 다
내 하나님의 성전문지기 로 있는것이좋사오 니
여 호와하나님 은 해 요 방 패 시 라
여 호와 께 서 은혜와 영화를 주 시 며
정 직하 게 행하는 자에게 좋은것을아 끼 지
아니하실것 임 이 니 라 만 군의여호와 여
주께의지하 는 자 는 복 이 있나이 다

말씀

육신을 따르는 자

(롬 8:5–8)

작사 & 작곡 이순희

♩= 76
육신을따르는자 육신의일을 성령을따르는자 성령의일을
생각하나니 육신의생각 사망 영의생각생명과 평안이라네
육 -체의 소 욕 은 성령을거스리 고
성 -령의 소 욕 은 육체를거스르나 니
이 둘 이 서로대적함 으 로 너 희 가
원 하는것 을 하지못하 게 하려함 이니 라
육신에있는자들 하 나님을 기쁘시게 하지 못하나니
육신의생각 주님앞에내려놓고 하나님의영으로 인도받으세

D

76 의인은 종려나무 같이

말씀

(시 92:12–15)

작사 & 작곡 이순희

의 인은 종려나무같이 번 성하 며
레 바논의 백향목같이 성 장하리로 다
이는 여호와의 집 에 심 겨 졌음이 여
우리 하나님의 뜰 안에 서 번 성 하 리로 다
그 는 늙 어 도 여 전히결실하 며
진 액이풍족하 고 빛 이 청청하 니
여호와 의 정 직하심과 나 의 바 위되심 과
그에게 는 불 의가 없음이 선 포 되리로 다

주님 말씀 안에서

작사 & 작곡 이순희
♩= 90
주 님말 씀안 에서 새 롭게 하사 모 진고 난뚫 게하소 서
주 님말 씀안 에서 강 하게 하사 주 의능 력부 어주소 서
어 편시 련속에 서 도 - 승 리하 게하 소 서
나 의모 든정 욕 탐 심 - 십 자가 에못 박 고
오 직주 만 - 바 라보 네 - 오 직주 만의 지하 네
거 친풍 랑 - 헤 쳐나 갈 - 새 힘허 락하 여주 시 네
거 칠고 험한 세상 속 에서 도 소 망허 락하 여주 시 네
내 게새 힘주 시는 사 랑의 - 주 영 원토 록찬 양하 리 라

D

78 주 보혈에 능력있네

보혈

작사 & 작곡 이순희

♩= 84

D Em D/F# A D A/C#
주보혈 에 능력있 네 예수그리스도의보 혈

5 D Em D/F# A D A/C# D D/F#
주보혈 에 능력있 네 나 를구 원 하 셨 네

9 A G D/F# G A
십 자가에서 죽기까지 - 나 를사랑하신 주

13 A G A G A D D/F#
십 자가에서 흘리신피 - 나 의모든죄를 씻어주셨네

17 G A G A A/C# E A
그 사랑으로 서로사랑하여 주님의뜻이루 세

21 G A G A A/C# D
그 사랑으로 서로사랑하여 빛의열매 맺으 세

25 D Em D/F# A D A/C#
나의모 든 죄 와상 처 씻어주신주님의사 랑

29 D Em D/F# A D A/C# D
그 사랑 의 능력으로 주 의복음 전 하 리

주 보혈을 믿고

작사 & 작곡 이순희

♩= 78

주 보혈을믿 고 의 지하 는 자

무 슨일을만나 도 해 를받지않 네

주 보혈을 믿 고 의 지하 는 자

모 든결박 풀어지 네 자 유케 되 네

어 둠권세 끊임없 이 나를공격하려하지 만

생 -명의 성령의법 나를해방시키셨 네

예 수 안에있는 자 결코정죄함 없 네

주보혈이나의모든 결박푸시니 영원토록주께영광 돌 리 리

80 찬양이 넘쳐나는

찬양

작사 & 작곡 이순희

♩=76

찬양 이 넘쳐나는곳 에 하나 님의역사 일어나 네

기쁨 의 노래가있는곳 에 하나 님의능력 나타나 네 네

새 노래우리하나님 께 올릴찬송 을 내입에두셨으 니

많 은사람이보고 두려워하여 여호와를의지하겠 네

전 심으로부르 는 찬 양 어둠권세떠나가 네

하 나님이받으 시는찬 양 날마다 올려드리 세

찬양 에 기쁨흘러넘 쳐 나의 영혼가득 채우시 네

찬양 의 샘흐르고흘 러 내영 혼참만족 넘쳐나 네

찬양 찬양

작사 & 작곡 이순희
♩= 84
D D/F# A G D/F# A D
찬 양 찬 양 찬 양 받 기 합 당 하 신 주
D D/F# A G D/F# A A/C# D A
찬 양 찬 양 찬 양 받 기 합 당 하 신 주
D G/B D A/C# D
내 가 노 래 로 하 나 님 의 이 름 을 찬 양 하 며
D G/B D A/C# D D/F#
감 사 함 으 로 하 나 님 을 위 대 하 시 다 하 리 니
A G A G A G A
이 것 이 곧 뿔 과 굽 이 있 는 황 소 를 드 림 보 다
A G A G A A/C# D
여 호 와 를 더 욱 기 쁘 시 게 할 것 이 라
D A/C# G/B D G/B A G A A/C#
우 리 모 두 찬 양 하 세 온 마 음 다 하 여 찬 양 하 세
D A/C# G/B D G/B G D/F# A D
우 리 모 두 찬 양 하 세 묶 여 있 던 모 든 결 박 풀 어 지 네
D A/C# G/B D A D
찬 양 하 세 찬 양 하 세 찬 양 받 기 합 당 하 신 주
D A/C# G/B D A/C# D A
영 원 토 록 찬 양 하 며 오 직 주 께 영 광 돌 리 세

82 하나님의 사랑을

사랑

작사 & 작곡 이순희

♩= 80
하나 님의 사랑 을 알 게 된 우리마 음
그크 신은혜에 감사와 찬양과 영 광드 리 네
Fine.
어 둠속 에 길을 잃고 헤 매었 지 만
주 의빛 이 나를비추니 갈 길밝히보이 네
하나님의 은혜 로 새롭게 된 우리마 음
주사랑이 우리 를 바른길 로 인도하 시 네
험한 세상 속에 서 나 를 지 키 시 네
이제 는두려움없 네 진리안 에 자 유 하 네
D.C

말씀

하나님이여 내 속에

83

(시 51:10-13)

작사 & 작곡 이순희

♩= 90
D D/F# A G A A/C#
하 나 님 이 여 내 속에 정한마음창조하시 고
5 D D/F# Em G/B A/C# D D/F#
내 안에정 직 한 영 을 새 롭게하 소 서
9 A D/F# A D/F#
나 를주 앞에 서 쫓아내지마 시 며
13 A D/F# A G A D D/F#
주 의성 령 - 을 내 게서거 두지 마 소 서
17 G A D/F# G A D/F#
주 의 구원의 즐거움 을 내게회복시켜주시 고
21 G A D/F# G A A/C# D D/F#
자 원 하는심 령을주 사 나 를 붙드소 서
25 G D/F# G D/F# G A
그 리하면 내가범죄자 에 게 주의도 를
29 G D/F# G A A/C# D
가 르치리니 죄인들이주 께 돌 아 오리이 다

D

84 고난의 거친 바다

보호

작사 & 작곡 이순희
♩= 86
고 난의 거친바 다 나 를삼키려하 네
환 난의 바람불어와 나 를뒤흔드 - 네
그 러나 나는 두렵지않네 주의사랑나와함께 하 시 니
그 러나 나는 절망치않네 주의능력나와함께 하 시 니
내 가하늘에 올라갈지라도 거기서 나를인도 하 시 네
내 가바다끝에 거할지 라도 거기서도나를인도 하 시 네
험 난한 세상길가는동안 나 와함께하시 니
나 는해를 받지않 네 진 리안에자유 해

동행

고난의 길을 걸어간다

85

작사 & 작곡 이순희
♩= 72
Bm C#° Em F# Em F#
고난 의 길을 걸어간다하 여 도 두렵지않 네
Bm C#° Em F# Em F# 1. Bm 2. Bm
주님 이 나와 함께하여주 시 니 놀라지않 네 네
Bm F#/A# C#° Em F# Bm/D
주 님의말씀 내 안 에 희 망의빛이되어 주 시 네
Bm F#/A# C#° Em F# Bm
어 둠속에서 주 의 빛 내영혼밝혀 생명 주 시 네
Bm Em/G F#/A# Bm F#/A# Em/G F# F#/A#
거친파도같은 세상속에서도 주의음성들려오 네
Bm Em/G F#/A# Bm F#/A# Bm
흔들리지않는 믿음을가지고 참된평강누 리 네
Bm C#° Em F# Em F#
주님 의 은혜 나를감싸주 시 네 치료하시 네
Bm C#° Em F# Em F# Bm
날마 다 주와 동행하며살 리 라 영 - 원토 록
D

86 깊고 깊은 상처에

내적치유

작사 & 작곡 이순희
♩= 80
깊 고깊은 상처에 매여 울 부짖는내영 혼
아 -픔과 고통속에갇혀 몸 부림치는내영 혼
더 이 상 살아나 갈 힘 이없 을 때
사 랑 의 나의주 님 나 를감싸주시 네
나의모든아픔 치료하시 네 평안주시네 능력주시네
깊고깊은상처 싸매주시 고 위로하시는 주님의사랑
아픔과고통속에 몸부림치던 나를고쳐주시는 주의사 랑
상 처에매여살며 눈물흘리던 나를고쳐주시는 나의주 님
치 료하신 주님의이름 찬 양하며높이 리
평 안주신 주님의 이름 높 이며영광돌리 리

깊고 깊은 어둠 속에서 87

내적치유

작사 & 작곡 이순희

♩= 80

깊 고깊은어둠 속 에 서 희 망을잃어갈때 에

부 드러운사랑 의 손 길 나를어루만지시 - 네

상 처를 치료 하 시 는 주 님의뜨거운손 길

내 모든 아픔과 상 처 를 감 싸 안아주시 네

수고하고무거운짐 모 두 다 내려놓게하 시 고

따 뜻한주의품에 안 기 어 편히쉬게하 시 네

주 님의크신사 랑 나를새롭게 - 하시 네

주 님의크신능 력 빛 으로인도하시 네

88 내 마음 깊은 곳에 숨겨져 있는

내적치유

작사 & 작곡 이순희

♩= 80

Bm F♯/A♯ C♯° F♯/A♯ Em F♯

내 마음깊은곳 에 숨 겨져 있는 아픔과슬 픔

5 Bm F♯/A♯ C♯° F♯/A♯ Bm

내 모든아픈상 처 아 시는 주님 치료하시 네

9 Bm F♯/A♯ Bm Bm/D F♯ F♯/A♯

슬 픔 에 잠긴나 를 위 로하여 주 시 네

13 Bm F♯/A♯ Bm Bm/D F♯ F♯/A♯ Bm

주 님 의 따뜻한손길 나 를고쳐 주 시 네

17 Bm C♯° F♯/A♯ G F♯ F♯/A♯

십자가의능력 보혈의피가 정 결케하 시 네

21 Bm C♯° F♯/A♯ G F♯/A♯ Bm

내영혼의밀실 드러내시어 치 료 하 시 네

25 Bm C♯° F♯/A♯ C♯° F♯/A♯ Bm F♯/A♯

내 영혼깊은곳 에 기 쁨의 강물 흘러넘치 네

29 Bm C♯° F♯/A♯ C♯° F♯/A♯ Bm

끝 없는주의사 랑 끝 없는 은혜 감사하리 라

내적치유

내면이 병들어

D

작사 & 작곡 이순희

♩= 80

Bm F#/A# Bm C#° F#/A#

내 면이 병들 어 고통당하는 내인 생

5 Bm F#/A# Bm C#° F#/A# Bm

내면에는 결핍의 식 경 쟁 의식으 로

9 F#/A# Bm F#m/A# G F# F#/A# Bm

외 롭고 고독한삶 살 아 가고있 네

13 Bm F#/A# Bm Em/G F# F#/A#

깨 지고 눌린 내면으로 병 든 인생살 고

17 Bm F#/A# G F#/A# Bm

무 너진 맘과 정신으로 무 너진삶을사 네

21 Bm F# Bm/D C#° F#/A#

치 료의 하나 님 나의영 혼 불쌍히 여기 사

25 Bm C#° F#/A# Bm C#° F#/A# Bm

나 를고쳐주시 고 참평안 과 자유주 셨 네

90 내 삶의 이유 발견했네

사명

작사 & 작곡 이순희

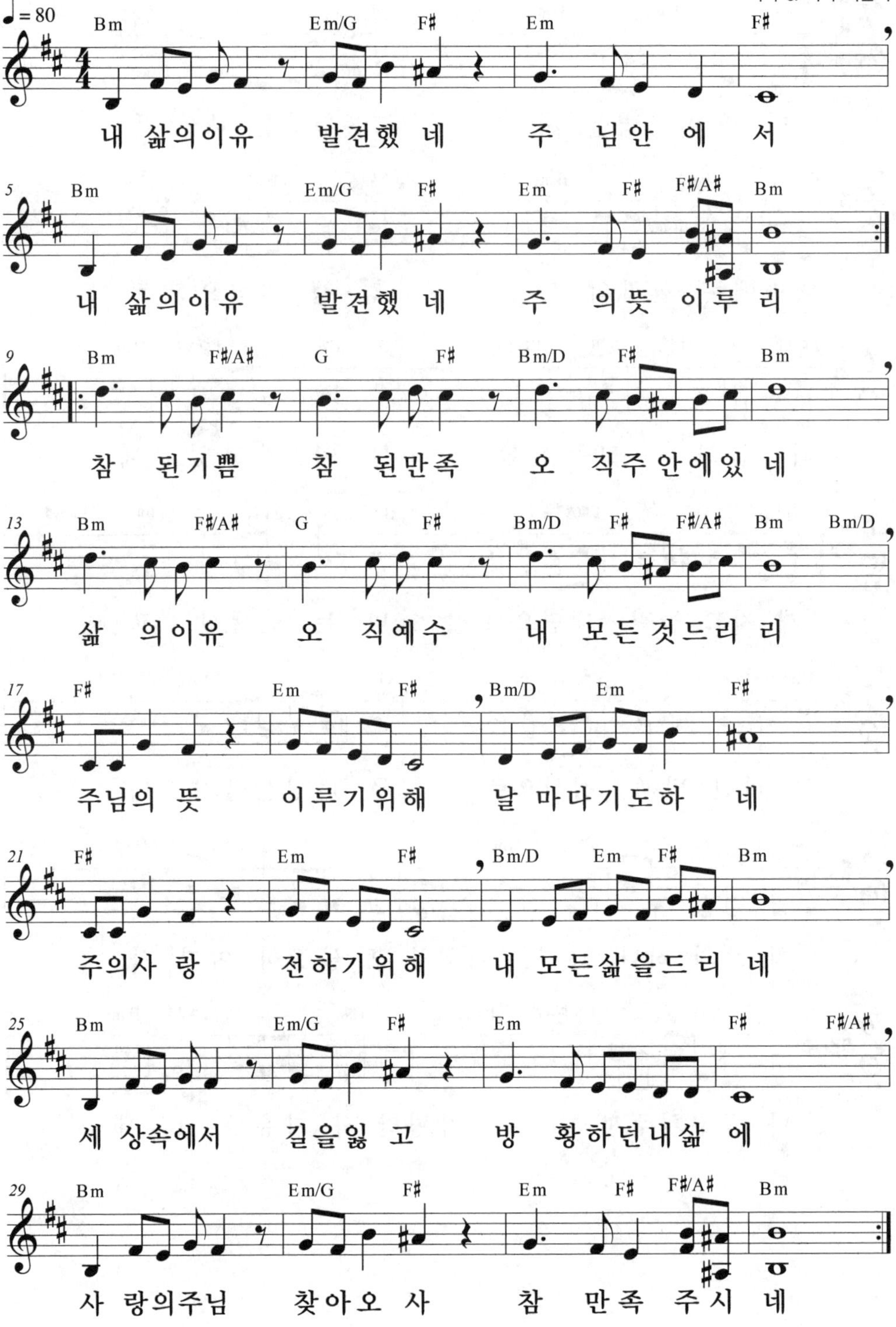

♩= 80

내 삶의이유 발견했 네 주 님안 에 서

내 삶의이유 발견했 네 주 의뜻 이루 리

참 된기쁨 참 된만족 오 직주안에있 네

삶 의이유 오 직예수 내 모든것드리 리

주님의 뜻 이루기위해 날 마다기도하 네

주의사 랑 전하기위해 내 모든삶을드리 네

세 상속에서 길을잃 고 방 황하던내삶 에

사 랑의주님 찾아오 사 참 만족 주시 네

모든 것을 가진 자로다

(고후 6:8-10)

작사 & 작곡 이순희

♩= 74
모든것을가진자로 다 모든것을 가진자로다 예수 안에서
사 랑의 나의 주 나와함께하 시 면
우 리는모든것 을 가 진 자 처 럼 사 네
우 리는 속이는자 같으나 참 되고 무명한자 같으나 유 명한자 요
죽은자 같 으나 보라 우리가살아있 고 징계를받는자 같 으 나
죽 임을 당하지 아니하고 - 근심하는자같 으 나
항 상기뻐하 고 가난한자 같으나 많 은사람을 부 요하게 하고
아무것 도 없는자같 으 나 모든것을 가 진 자 로다

92 상처입은 마음을 부둥켜 안고

내적치유

작사 & 작곡 이순희
♩= 80
상 처입은 마 음 을 부 둥켜 안 고
삶 에지쳐 고통속 에 몸 부림 치 네
울 부짖 는 주 님 의 자 녀 들 이 여
상 처입은모습 그 대 로 주 께 오 시 오
연 약한모습그대 로 병든모습그 대 로
더 러운모습그대 로 추한모습그 대 로
사 랑받는 주의 자녀들이여 주 께로 오시 오
끝 없는주 의 사랑과능력 부 어주 시 네

상처입은 영혼이여

작사 & 작곡 이순희

♩=74
Bm Bm/D C#° G/B F#
상처 입은 영혼 이여 주를 찬양하고경배하 라
Bm Bm/D C#° F#/A# 1.Bm 2.Bm
외 로운 영혼 이여 주를 의지하고바라보 라 라
Bm C#° Bm/D Em F# F#/A#
우 리의모든상처 치유 하시는주 상처 입은치유자되게하시 네
Bm C#° Bm/D Em F# F#/A# Bm
우 리의모든문제 해결 하시는주 세상 근심걱정물리칠힘주시 네
Bm Bm/D F# F#/A#
이 -제나는 더이상 상 처받지않 네
Bm Bm/D F# F#/A# Bm
이 -제나는 더이상 외 롭지 않 네
Bm Bm/D F# G F#
이한 목숨 다바 쳐 서 오직주만높여드 리 리
Bm Bm/D F# F#/A# Bm
영 원히 영원 토록 오직 주만찬양하 리 라

D

94 성령님 나와 함께 하소서

성령

작사 & 작곡 이순희
♩= 80
Bm C♯dim F♯/A♯ C♯dim F♯/A♯
성 령님 - 나와함께 하소서 나 를인도하소 서
5
Bm C♯dim F♯/A♯ C♯dim F♯/A♯ Bm
성 령님 - 내맘속에 오셔서 내 게힘을주소 서
9
Bm F♯/A♯ G F♯/A♯ Bm
갈 길몰라 길을잃고 헤 매일 때 도
13
Bm F♯/A♯ G F♯/A♯ Bm
어 두운밤 고통속 에 울 부짖을때 도
17
Bm Em/G Bm C♯dim F♯/A♯
주의성령내안에서 일을하시네 착한 일을시작하시 네
21
Bm Em/G Bm C♯dim F♯/A♯ Bm
눈물의밤지나가고 희망의빛이 내마음에넘쳐흐르 네
25
Bm C♯dim F♯/A♯ C♯dim F♯/A♯
성 령님 - 나와함께 하시네 나 를인도하시 네
29
Bm C♯dim F♯/A♯ C♯dim F♯/A♯ Bm
성 령님 - 내맘속에 오셔서 내 게힘을주 시 네

성령의 능력으로 살아가리라 95

작사 & 작곡 이순희

♩= 100
성 령의능력으로 살아가리라 성 령 의능 력으 로 열매맺으리
갈 수 록험 한세 상 가운데 서도 성 령 의인도받아 살아가리라
성 령이함께하시 면 성 령이 기름부어 주 시 면
나 는두 려움 이없 다 네 성 령 이 지 켜주 시 니
하나님이자기를 사랑하는자들에게 예비하 신모든것 은
눈으로 보지못하 고 귀로듣지 못하고 사람의 마음으 로
생 각하지도 못하 였다함과 - 같 으 니 라
오 직하 나님 이성 령 으 로이 것을 우 리에 게보 이셨으 니
성 령님 은모 든것 곧 하나 님의 깊은곳 까지 통달 하시느니라

96 십자가에 못 박히신 주

십자가

작사 & 작곡 이순희

♩=76

십 자 가에 못박 히 - 신주 나를위해 물과피 쏟으셨 네

5 십 자 가에 못박 히 - 신주 나를위해 모진고난 당하 셨 네

9 사 랑의주 우리의 질고를 지시고 십자가에 못박혔 지만

13 우 리가 생각하기를 그 는 징벌을받 아

17 하 나님께 맞 으 며 고난을 당한다 하 였노 라

21 십자가길 고난의길 생명의길 걸어간다 고백하는 주의자 녀 가

25 주의명령따라주의복 음 전하지않을때 주 얼마나 아프실 까

29 우 리 모두 깨 닫고 회개하여 십자가의 능 력을 체험하 세

33 우 리 모두 깨 닫고 회개하여 십자가의 사 - 랑을 나타 내 네

내적치유

어두운 세상 험한 세상

작사 & 작곡 이순희
♩= 90
어 두운 세상 험 한세상 고달픈 인생길 걸 어왔네
5
깨 닫지 못해 방 황하며 세상줄 잡고 살 아 왔 네
9
육 신의정욕 안 목 의정욕 이 생의자랑 따라 살면서
13
참 만족기쁨 참 평안함과 행 복을찾아 헤매이던나
17
주님과세상사이 세 상줄내려 놓지 못해 방황 할때 에
21
두마음가 - 지고 번민하며복잡한 인생 살아 갈때 에
25
내 인생 벼랑 끝에세워 회 개하게하시 네
29
내 인생운전대 주께맡겨 자 유하게하시 네
33
사 랑의 나의 주 내안에 두마음 치 - 료 하 셨 - 네
37
세 상줄 내려 놓게하시네 나주안 에서 자 유하 네

98 어두운 인생길에

내적치유

작사 & 작곡 이순희

♩=74
Bm Bm/D F# Em F#
어두운 인생길에 외로이 홀로서 있을 때
Bm C#° Bm/D Bm F#/A# 1.Bm 2.Bm Bm/F#
주님의 따뜻한 오른손이 나를 이끄시네 네
Bm Bm/D F# G F#
사 -랑의 나의주 밝은빛으로 인도하시네
Bm Bm/D G F# F#/A# Bm
능 -력의 나의주 아픔과 고통을 씻어주시네
Bm G F# G F# F#/A# Bm
내안의모든상처 치유하시고 자유케 하신 주
Bm G F# G F# F#/A# Bm
내안의모든질병 치유하시고 자유케 하신 주
Bm Bm/D F# Em Bm/D F#
나이제 더이상 외롭지않네 주님 지켜주시니
Bm C#° Bm/D Bm F# F#/A# Bm
행복한 영혼강건한영혼 내영혼 자유해

내적치유

어둠을 밝혀주는

99

작사 & 작곡 이순희

D

♩= 74
Bm Bm/D Em Bm/D F♯
어 둠 을 밝혀주는 주의밝은빛 나 와함께하시 네
세 상 의 빛과소금 되라하신주 나 와함께하시 네
F♯/A♯ Bm Bm/D Em Em/G F♯/A♯ 1.Bm 2.Bm
Fine.
어 둠 을 밝혀주는 주의밝은빛 나 를 치료하 시 네 네
주 님 이 비춰주신 밝은빛으로 복 음 전하며 사
F♯ G F♯ Bm/D F♯ F♯/A♯ Bm
3
모 든 것 을 이기는 힘 을주 시는 사랑의나의주
F♯ G F♯ Bm/D F♯ F♯/A♯ Bm
3
환 경 - 을 초월하는 힘 을주 시는 사랑의나의주
Bm Bm/D Em F♯
나 와함께하시 네 나 를지켜주시 네
Bm Bm/D Em F♯ F♯/A♯ Bm
D.C
나 를고쳐주시 네 내 게자유주시 네

100 어둡고 캄캄한 길에서

내적치유

작사 & 작곡 이순희

♩= 74

어둡고 캄캄 - 한 길에서 헤매일 때 - 에

사랑의 나의 - 주 나를오라 손 짓하시네 네

주님의밝은빛따라 달려나가 나의모든무거운짐 주께 맡기니

사랑의주무거운짐 맡아주시네 나를보호하시네

주 - 의사랑 내마음에 가득채우시네

주 - 의능력 나를변화시키시네

사랑의 주능력의 나의주 나를고쳐주시네

사랑의 주능력의 나의주 나를써주시네

오직 주만 바라보며

작사 & 작곡 이순희

♩= 80
오 직 주 만 바 라 보 며 걸 어 갑 니 다
주 님 의 뜻 따 르 기 위 해 달 려 갑 니 다
세 상 유 혹 에 빠 지 지 않 고
주 의 사 랑 에 매 여 살 아 가 네
우리의 목표는 주 님 께 영 광 주 사 랑 우 리 를 변 화 시 키 네
세상에 빛으로 다 가 오 신 주 세 상 을 이 겨 낼 힘 을 주 시 네
인 생 의 환 난 과 시 련 이 와 도
주 님 의 손 길 에 나 를 맡 기 네
오 직 주 만 바 라 보 는 나 의 삶 속 에
참 된 기 쁨 참 된 행 복 넘 쳐 흐 르 네

102 우리를 구원하신 주님의 사랑

보혈

작사 & 작곡 이순희
♩= 74
Bm F♯/A♯ Bm F♯/A♯
우리 를 구원하신 주 님의사랑 모든질병치료하시 네
5 Bm G Em F♯ F♯/A♯ 1. Bm 2. Bm
십자 가에못박히신 보혈의능력 모든결박풀어주시 네 네
Fine.
11 F♯ Bm/D G F♯ C♯° F♯/A♯ Bm
죄 와어둠 - 물 리치고 자 유케하실주를 찬양하 네
15 F♯ Bm/D G F♯ C♯° F♯/A♯ Bm
모 든상처 - 씻 어주고 정 결케하실주를 찬양하 네
19 Bm F♯/A♯ Bm Bm/D G/B F♯/A♯
주 님의사 랑 보혈의능 력 나를변화 시 키 네
23 Bm F♯/A♯ Bm Bm/D F♯/A♯ Bm
주 님의사 랑 보혈의능 력 나를새롭 게 하 네
D.C

우리의 인생을 승리케 103

작사 & 작곡 이순희

♩=76
Bm F♯/A♯ Bm Bm/D F♯ F♯/A♯
우 리의인생을 승리케하는 성 령의 능 력
우 리의인생을 윤택케하는 성 령의 능 력
5
Bm F♯/A♯ Bm Bm/D F♯ Bm
성 령의충만한 기름부음이 내 게임하실 때
Fine.
9
Bm F♯/A♯ Em/G G F♯ F♯/A♯
영 혼육의 전인치유의 역 사 일어나 네
13
Bm F♯/A♯ Em/G G F♯/A♯ Bm
영 혼육의 모든질병 치료 하여 주 시 네
17
Bm F♯/A♯ G F♯/A♯
성령의 충만함으 로 영혼육이치료되 면
21
Bm F♯/A♯ G F♯ Em Bm/D F♯ Bm
결핍이 있어도 만족누리고 문제가 있어도 극복하 네
25
Bm F♯/A♯ Bm C♯° Em F♯ F♯/A♯
성 령의 능력으 로 육의고난초월하 여
29
Bm F♯/A♯ Bm C♯° Em F♯ Bm
성 령의 능력으 로 승리하며살아가 네
D.C

104 캄캄한 어둠 속에서

내적치유

작사 & 작곡 이순희
♩= 72
캄캄한 어둠 속에서 갈길몰라 헤매이는나의 영 혼
아픔과 고통 속에 서 절망하며 시 - 들은나의 영 혼 혼
아무리 잊으려 해 도 잊혀지지 않는 미움의조각 들
깨닫 지 못해 상처 로 받아들인 내영혼에 새겨진 잘 못된기 억들
상처주며 상처받고 잘못된기억속 에 갇 혀있 던 나
얼마나 많은세월 아픔과고통속 에 헤 매였 던 가
아 하 사랑 의나의주깨닫게하 시 네 치 료하 시 네
아 하 능력 의나의주새롭게하 시 네 변 화시키시 네
잘못 된 기억 모두 다 벗어버리 고 주의빛가 운 데
성령 의 인도 받 - 아 진리안에 자유하며살아 가 리

텅빈 마음 공허한 마음

작사 & 작곡 이순희

♩= 80

Bm C♯dim Em F♯ Bm/D F♯ F♯/A♯
텅 빈마음 공허한마음 채 울길 없 어

Bm C♯dim Em F♯ Bm/D F♯ F♯/A♯ Bm
주 님앞에 나아갑니다 내 맘을채워주소 서

Bm F♯/A♯ G F♯/A♯
어 디에서도 찾을수없는 평 안과 사 랑

Bm F♯/A♯ G Em F♯ Bm Bm/D
예 수님만이 채울수있네 텅 빈나의마음 을

F♯ F♯/A♯ Bm F♯/A♯ Bm Bm/D
세상에헛된것을 좇아살던나 이제는더 이 상

F♯ Em F♯ Bm/D F♯ Bm
헤매이지않네 방황하지않네 주님채워 주시 니

Bm C♯dim Em F♯ Bm/D F♯ F♯/A♯
텅 빈마음 공허한마음 채 워주 셨 네

Bm C♯dim Em F♯ Bm/D F♯ F♯/A♯ Bm
나 의삶을 주께맡기니 내 잔이넘 치 네

106 하나 밖에 없는 아들을

사랑

작사 & 작곡 이순희
하나 밖 에없는아들 을 이 땅 에보내시 는
하나 님 아버지심정 은 어 떠 하셨 을 까 까
잡 히시던밤에 제자 들이 모두 떠 나 고
혼 자남겨진 주의 마음 어떠 하셨을 까
조 롱과 핍박속에- 거 친 십자가지고 골고다언덕길
오 르 신 주의마음- 어 떠하셨을 까
십자 가에 손과 발 못박히시 고 어두워져 가는세상-
바라 보시는 주 님의마음 어 떠하셨을 까
깨닫 지 못하는우릴 보시고 눈물 흘리시는 사 랑의 주
깨닫 고 돌아와회개하 라 말씀하시 네 주의사랑 영 원 해

그리스도 예수의

작사 & 작곡 이순희
♩= 80
그 리 스 도예 수 의 좋은 병사되길원 하 네
나를 부 르신주 님 나를 좋은병 - 사로세우시 네 네
주 의진리위해 싸 우 며 십자가를지고가리 라
주 의진리위해 싸 우 며 주의빛을발하리 라
주님 앞에서는 그날 까지 주의복음전 하 며
충성 스런주의 일꾼 되어 온세상을밝 히 리
병사 로 모집하신주 를 기쁘 시게하기원 하 네
주와 함 께걸어가 며 영원 토록행복하게살아가 리

108 # 나는 두렵지 않네

보호

작사 & 작곡 이순희
나는두 -렵지않 네 나는 놀 -라지않 네
환 난이와도 핍 박이와도 나는 흔 들리지않 네 네
주 님의 따뜻한 손 나 를붙드시 네
주 님의 뜨거운사랑 나 를감싸시 네
주 님 의 빛 나를 비추시고 주의 은혜 나를채우 네
고 난 의밤 환난 의밤에도 나를 지켜 보호하시 네
주 님 과 -함께라 면 나는 두 -렵지않 네
온 마음다해 내 생명다해 주를 찬 양하며살 리

나의 발걸음

작사 & 작곡 이순희

♩= 80
E♭ A♭/C B♭ E♭/G A♭ E♭/G
나의 발 걸음 주께 서 인도하시 니 그어디나주의나 라
E♭ A♭/C B♭ E♭/G A♭ B♭ B♭/D E♭
주의 말 씀은 내발 의 등불이요 내 길에빛이되 - 시 네
Fine.
E♭/G A♭ E♭/G B♭7 E♭/G
주님 나 를이끄시 어 주의길로인도하시 네
A♭ E♭/G B♭7 B♭/D E♭ E♭/G
주님 앞 에나를드 려 동역자로살아가 - 네
B♭ A♭ E♭/G A♭ E♭/G A♭ B♭
주의 사랑 내맘 에 넘 치 네 내삶 에 빛이되시네
B♭ A♭ E♭/G A♭ B♭7 E♭
생명 되신 주님 께 내 인 생 맡겨드리 네
D.C

110 내 마음에 성령의 불

성령

작사 & 작곡 이순희
내 마 음에 성 령 의불 붙 여주 소 서
성 령의불로 완악한 마음 녹 여주 소 서
그 뜨거운 성령의불로 죄와상처태워주소 서
그 뜨거운 성령의불로 교만탐심태워주소 서
활 활 태워주소서 모든상처태워주소 서
활 활 태워주소서 모든질병태워주소 서
사 랑 의주 나를정 결게 하 여주 시 네
능 력 의주 나를새 롭게 하 여주 시 네

내 마음에 주의 빛

작사 & 작곡 이순희

♩= 80
내마 음 에 - 주의 빛 비춰 주 시 네
내안 에 있는 모든 어둠 물 리치 시 네 네
내 마음 에 거룩한 길 만 들어 지 네
내 마음 에 시온의대로 펼 쳐지 네
내 인생의운전 대 주 께맏 기 네
내 모든삶주님 께 맡 겨드 리 네
내안의모든어둠 떠나가네 내안의모든슬픔 떠나가 네
내안의주의사랑 가득채우시네 내안의주의평강 넘치네
날마 다 주바 라보 며 거룩 한 길 로
성령 의 인도 받으 며 걸 어가 리 라

112 내 맘속에 가득히

찬양

작사 & 작곡 이순희
♩= 80
E♭ E♭/G B♭7 A♭ B♭
내 맘 속에 - 가득 히 주의사랑부어주시 네
내 마 음깊은곳에 서 주를향한찬양울리 네
E♭ E♭/G B♭7 B♭7/D 1. E♭ 2.E♭
나 의 모든 두려 움 주은혜로사라지 - 네 네
주 의 크신 은혜 로 내영혼가득채우시
A♭ A♭/C B♭ B♭/D
주 - 의말씀 내 안 에 생 명의샘물처럼 흐 르 네
A♭ A♭/C B♭ B♭/D E♭
기 - 쁨평안 주 시 네 날 마다새 롭게 하 시 네
B♭7 E♭/G B♭ A♭ B♭
예수안에 있는 자 결코정죄 함없 네
B♭7 E♭/G B♭ A♭ B♭ E♭/G
생명의성 령의 법 나를지켜 주시 네
E♭ E♭/G B♭7 A♭ B♭
주 님 의손길느낄 때 내맘속에평안넘치 네
E♭ E♭/G B♭7 B♭7/D E♭
주 님 의사랑찬양 해 영원토록주를찬양 해

내 영혼 어둠 속에

작사 & 작곡 이순희

♩= 80
내 영 혼어둠속 에 헤 매일 때 에
주 님 의사랑의 빛 내 게비추시 네 네
내 안의 어둠 떠나 가고 참된평강임 하 네
주 님의크신은혜 나를감싸니 참된안식누 리 네
오 -사랑의 나 의 주 오 -능력의 나 의 주
오 -치료의 나 의 주 찬 양 드 리네
세 상 의빛이되 어 주 의뜻 이루 리
세 상 의소금되 어 주 의복음전하 리

114 너희를 부르심을 보라

말씀

(고전 1:26-29)

작사 & 작곡 이순희

♩=76
Eb Fm Eb/G Ab Eb/G Ab Eb/G Fm Bb/D Eb
너희를부르심을 보 라 너희를부르심을 보 라
Eb Eb/G Ab Bb Bb/D Eb Fm Bb/D
형제 들아 너희를부르심을 보 라 육체를따 라
Eb Eb/G F/Ab Bb Ab Eb/G Fm Bb Eb
지혜 로운자가 많지아니하며 능한자가많 지 아니 하며
Ab Bb7 Eb/G Fm Bb Bb/D Eb Eb/G
문 벌 좋은자 가 많 지 아니하도 다
Ab Eb/G Cm Bb/D Eb Fm Eb/G Bb
그 러 나 하나님께서 세상의미련한것들을 택하 사
Ab Bb Eb/G Ab Fm Bb
지 혜있는자들 을 부끄럽 게 하려하시 고
Ab Bb Ab/C Eb Fm Bb Eb/G
세 상의약한것들 을 택하사 강한것들을부끄럽게 하려하시며
Ab Bb Eb/G Fm Bb Eb/G Bb Bb/D Eb
세 상의천한것들 과 멸시받는 것들과 없는것들 을 택하사

33
E♭ Fm B♭/D E♭ Fm B♭ A♭
있는것들을 폐하려 하시나 니 이는아무 육체도
37
E♭ B♭/D Cm B♭ Fm B♭/D E♭sus4 E♭
하나님 앞 에 서 자랑하지 못하게 하려하심 이 라

E

인도

주님 내 손 잡아주시네 115

작사 & 작곡 이순희

♩= 80
E♭ Fm E♭/B♭ B♭ E♭/G B♭/D E♭/G A♭ E♭
주님내 손 잡아주 시네 - 어둔밤 도 두렵지 않아 -
주님사 랑 감싸주 시네 - 나의영 혼 기쁨넘 치네 -
5
A♭/B♭ E♭ Fm E♭/B♭ B♭ E♭/G B♭/D Cm B♭ E♭
주님내 손 잡아주 시네 - 쓰러져 도 다시 세우시네
주님사 랑 감싸주 시네 - 주의말 씀 따라 살아가네
10
E♭/G A♭ B♭/A♭ Gm Cm Fm Fm/A♭ B♭
모든 순간 - 함께하 시는 - 주님 나 를인도하시 네
15
E♭/G A♭ A dim Gm Cm Fm B♭ E♭
어디 든지 - 무얼하 든지 - 주님 내 손잡아주시 네

116

따뜻한 주의 손길

내적치유

작사 & 작곡 이순희
♩= 80
Eb Bb/D Eb Ab/C Bb Bb/D
따 뜻한 주의 손길 나 를 어루만지시 네
Eb Bb/D Eb Ab/C Bb Eb Eb/G
뜨 거운 주의 사랑 나 를 치료하-시 네
Fine.
Ab Eb/G Fm7 Bb7 Eb Eb/G
능 력의주로인 해 모든결박풀어지 네
Ab Eb/G Fm Bb7 Eb Eb/G
능 력의주로인 해 나의마음평-안 해
Ab Eb/G Eb Fm7 /Ab Bb
나 -이제 주안 에서 참 된 자유얻었 네
Ab Eb/G Eb Fm Bb7 Bb7/D Eb
나 -이제 주안 에서 참 된 평강얻었 네
D.C

말씀

비판하지 말라

(눅 6:37-38)

작사 & 작곡 이순희

♩= 80
E♭ B♭/D E♭ B♭/D A♭/C B♭ B♭/D
비 판 하지말 라 그리하면너 희 가
정 죄 하지말 라 그리하면너 희 가
5
E♭ B♭/D E♭ B♭/D E♭ E♭/G
비 판 을 - 받 지 않 을것 이 요
정 죄 를 - 받 지 않 을것 이 요
9
B♭ E♭/G Fm B♭/D A♭/C B♭
용 서하라 그리 하면너희가 용서받을것 이 요
13
B♭ E♭/G Fm B♭/D A♭/C B♭/D E♭
주 라 그리하면 너 - 희에게 줄 - 것 이 니
17
E♭ Fm E♭/G A♭ E♭/G B♭ E♭/G A♭ B♭
곧 누르고 흔들 어 넘치도록 하 여 너희에게안겨 주 리 라
21
A♭ E♭/G A♭ B♭ E♭/G
너 희가 헤아 리는 그 헤아림 으 로
25
A♭ E♭/G A♭ B♭ B♭/D E♭
너 희도 헤아 림을 도로받을것 이 라

E

118

스스로 속이지 말라

말씀

(갈 6:7–9)

작사 & 작곡 이순희

♩= 80
E♭ B♭/D A♭/C B♭ Fm E♭
스 스로 속이지 말라 하나 님은 업신 여 김 을
5
E♭ A♭/C B♭ E♭/G B♭ E♭/G Fm Gm B♭ B♭/D E♭ E♭/G
받 지아니하나 니 사람이 무엇으로심든지그대로 거 두리 라
9
A♭ E♭/G A♭ E♭/G A♭ B♭ E♭/G
자기의육체를위하여 심 는자는 육체로부터썩어질것을 거두고
13
A♭ E♭/G A♭ E♭/G A♭ B♭ B♭/D E♭
성 령 을위 하여 심 는자 는 성령으로 부터 영생을 거두리라
17
E♭ B♭/D A♭/C B♭ B♭/D
우 리 가 선을행 하되 낙 심 하 지 말 지 니
21
E♭ A♭/C B♭ E♭/G B♭ B♭/D E♭
포기 하지아니하 면 때가이르 매 거 두 리 라

어두운 밤 하늘에

동행

작사 & 작곡 이순희

♩= 86

어 두 운 밤 하 늘 에 별 이 빛 나 듯

우 리 의 인 생 길 도 빛 날 날 이 올 거 야 야

힘 들 고 지 친 날 에 도 주 님 나 와 함 께 하 시 니

따 뜻 한 주 님 의 손 길 나 는 절 대 놓 지 않 으 리

우 - 리 가 걸 어 가 야 할 인 생 길 은

거 - 친 파 도 험 한 산 길 도 장 애 물 도 있 지 만

하 나 님 이 허 락 하 신 길 이 라 면 기 쁨 으 로 걸 어 갈 거 야

비 바 람 이 몰 아 쳐 와 도 주 와 함 께 걸 어 갈 거 야

고 난 속 에 서 - 도 환 난 속 에 도

주 님 의 손 을 잡 고 천 국 향 해 달 려 갈 거 야

120 여호와를 찾으라

말씀

(사 55:6–9)

작사 & 작곡 이순희

♩= 80
여호와를 찾으라 주를찾으라 가 까이계실때에 그를부르라
너 희는 - 여호와를 - 만날만한때에찾으 라
가 까이 - 계실때에 - 그 를부 르 라
악 인은그의길을 불의한자는 그의생각을 버리 고
여호와께로 돌아 오라 그리하 면 그가긍휼히 여기시리라
우리하나님께로 돌아오 라 그가너그럽게용서 하시리 라
이 는 내 생각이 너희의 생각과 다 르 며
내 길은 너희의 길과 다름 이니 라 여호와의 말씀이니라
이 는 하늘이 땅보다높음같이 내길은너희의길보다높으 며
내생각은 너희의생각보다 높 음이 니 라

예수님의 눈에 발견되어

작사 & 작곡 이순희
♩= 80
예 수 님의눈에 발견되어 - 거룩한 길 따라가기 원 하 네
주 의 빛 가 운 데 모 든 어 둠 - 물 리 치 고 자유하기 원 하 네
주 님께 내삶을 내어드리며 주와함께걸어가 길 원하네
주 님의 크신사 랑 - 깨달아 주와함께걸어가 길 원하네
주의사랑 내안에 가득차네 - 주의능력 내안에 가득차네 -
주의은혜 내안에 흘러넘쳐 - 주님의뜻 이루며 순종하리 -
주 의 손길내게 임하시어 - 새 - 롭 게 변화시켜 주 시 네
주 의 은혜가득 채 워주 사 - 나의삶 을 인도하여 주 시 네

122 우리가 걸어가야 할

동행

작사 & 작곡 이순희

♩= 80
E♭ B♭/D E♭ A♭/C B♭
우리가 걸어 가야 할 인생길 주의말씀따라걷는 길
B♭/D E♭ B♭/D E♭ A♭/C B♭ B♭/D 1. E♭ 2.E♭
우리가 걸어 가야 할 인생길 믿음으로걷 - 는 길 길
E♭ E♭/G A♭ B♭
어둡고 험한 길 을 걸어 갈 때 에 도
E♭ E♭/G A♭ B♭ B♭/D E♭ E♭/G
주님함 께하신다 면 결코 두 렵지 않으 리
A♭ E♭/G Fm B♭/D
슬 프 고 외로운밤이 찾 아올 때 도
A♭ E♭/G B♭ B♭/D E♭ E♭/G
주 님 의 품에안겨서 평 안누 리 리
B♭ E♭/G B♭ E♭/G A♭ A♭/C B♭
때론길이험하고 멀어보여도 주님함께하시니 두렵지않아
B♭ E♭/G A♭ B♭ B♭/D E♭
바람불고폭풍이 몰아쳐와도 주와함께걸어가 리
E♭ B♭/D E♭ A♭/C B♭
주님 과 함께 걷는이 길 - 이 참된평강누 - 리는 길
E♭ B♭/D E♭ A♭/C B♭ B♭/D E♭
주님 과 함께 걷는이 길 - 이 참된기쁨누리는 길

말씀

일을 행하시는 여호와 123

(렘 33:2-3)

작사 & 작곡 이순희
♩= 72
일을 행 하시는여호 와 그것을 만들며성취하시는 여호와
그의 이 름을여호와 라 하는이가 이와같이이르시도 다 다
너 는내게 부르짖으라 내가네게응답하겠 고
네 가알지못하 는 크 고 은밀한일을 네게 보이리 라
전심으로 하나님께 부르짖어기도하 네
주의크고 은밀한일 내게보여 - 주시 네
나는 이 제주님의 - 뜻 깨달아 주님과동행하는삶 을사네
나는 이 제주사랑으 로 축복의 통로되어살아가리 라

E

124 주님 앞에 내 모든 삶

말김

작사 & 작곡 이순희

♩= 80
Eb Eb/G Fm Bb Ab Bb Eb Ab/Bb Bb
주 님앞에 내모든삶 - 내 어드립니 다
주 님앞에 내모든맘 - 내 어드립니 다
5
Eb Eb/G Fm Bb Ab Bb Eb Eb/G
주 님의빛 내게비춰 - 참 된평안주소 서
나 의기쁨 나의소망 - 주 안에있습니 다
9
Ab Eb/G Ab Eb/G Fm Ab Bb
나를사랑 하시는 주 언제나 나와함께하 시 니
13
Ab Ab/C Eb Ab Fm6/G Bb Bb/D Eb
아무걱정근심없어 요 사랑의 주님나를지켜주시 니

보호

주님의 그늘 아래

작사 & 작곡 이순희
♩= 72
주 님의 그늘아 래 내 영혼 평안하 네
거 센바람몰아쳐 도 나 는두 렵지않 네
험 한산길을 걸 어가도 사 랑의내주님 도 우시네
주 님의 그늘 아 래에서 내 영혼편히쉬 네
주 의날개아래 쉼 이있네 주 의손길속에 소 망있네
주 님품에안겨 자 유하네 영 원히주를찬양 해

126

주님의 은혜

인도

작사 & 작곡 이순희

♩= 72
Eb Bb/D Cm Ab /F Bb Bb/D
주 님의 은 혜 날 인도하 시 네
5 Cm Bb/D Eb Fm Bb Bb/D Eb Eb/G
주 님의 사 랑 나를품에안아주시 네
9 Ab Ab/C Eb Ab/F Ab Bb
참 진리되 신 나 의 주 사 랑의나 의 주
13 Ab Ab/C Eb Fm Bb Bb/D Eb Eb/G
변 하지않 는 사 랑 이 내 마음가득채우 네
17 Ab Eb/G Ab Bb /D Eb Bb
세 상에환난가운 데 서 도 나 오직주만의지 하 리 라
21 Ab Eb/G Ab Bb /G Fm Bb Eb
거 칠고험한세상 속 에 도 주 님의뜻이루며 살 리 라
25 Eb Bb/D Eb Ab/C Bb Bb/D
주 님의 은 혜 날 새롭게 하 네
29 Cm Bb/D Eb Fm Bb Bb/D Eb
주 님의 사 랑 나를변화시키시 - 네

은혜

주님의 은혜는

127

작사 & 작곡 이순희

♩= 80
Eb Bb/D Cm Ab Fm Fm/Ab Bb
주 님의 은혜 는 나 의 힘과소망되 시 네
주 님의 은혜 는 나 의 삶에빛이되 시 네
Eb Bb/D Cm Ab/Bb Eb/Bb F/Ab Bb7 Bb/D Eb Eb/G
주 님의 사랑 은 내 안에 강물처럼흘러넘치 네
주 님의 사랑 은 내 영혼 깊은곳에평안주시 네
Ab Bb Eb/G Ab Bb
어 떠한시련이와 도 나 는두렵지않 네
Ab Bb Eb/G Ab Bb Bb/D Eb
주 님이함께하시 니 아 무염려없다 네

E

128 주님의 지혜로

인도

작사 & 작곡 이순희
♩=74
주 님 의지혜로 나를이끄소서 주 님 의능력으로 나를붙드소서
주 님 의지혜로 나를이끄시네 주 님 의능력으로 나를붙드시네
주 님 의지혜로 나를이끄소서 주 님 의사랑으로 나를붙드소서
주 님 의지혜로 나를이끄시네 주 님 의사랑으로 나를붙드시네
Fine
내 생각과 마음 주께 드려 주 님의뜻대로 살게하소서
내 생각과 마음 주께 드려 주 님의동역자로 살게하소서
높 은하늘의 별과같 이 내마음에주 의 빛
주 의빛을비춰 주 - 시 네 나를정결케 하시 네
D.C

주 보혈의 능력

작사 & 작곡 이순희
♩=76
주 보 혈의능력 노래하리라 주보 혈의능력 찬양하리라
모든 죄 를씻어주신 보혈의능력 우리 를새롭게하 네 네
우 리를변화시키는 보 혈의능력 모든것을회복시키 네
우 리를새롭게하는 보 혈의능력 우리삶을자유케하 네
그 사랑에 감격 하여 눈물로써찬양하 네
그 사랑에 감격 하여 전심으로찬양하 네
세 상 의빛이되 어 주 의뜻 이루 리
세 상 의소금되 어 주 의복음전하 리

130 하나님의 말씀은

말씀

(히 4:12–13)

작사 & 작곡 이순희

♩= 80

Eb Eb/G Ab Eb

하 나님의말씀 은 살아있고활력이있 어

Eb Ab/C Eb Bb/D Eb Eb/G

좌 우에 날선 어떤검보다도 예 리하 여

Ab Eb/G Ab Bb7 Ab Bb

혼과 영과 및 관절과 골수를 찔러쪼개기까지하 며

Ab Eb/G Ab Eb/G Bb Bb/D Eb Eb/G

또 마음 의 생각과 뜻을 판 단하 나 니

Bb7 Eb/G Ab Bb Eb/G Bb

지으신것이 그 앞에나타나지 않 음이 없 고

Bb7 Eb/G Ab Eb/G Bb Bb/D Eb

우리의결산을 받으실이의 눈 앞 에만 물 이

Eb Eb/G Bb Bb/D Eb

벌 거벗은것같 이 드 러나느니 라

Eb Ab/C Eb Bb /D Eb

말 씀의 빛을 받아열매맺는 삶 을살아가 리

맡김

하나님의 어리석음이

작사 & 작곡 이순희

♩= 80
Eb Fm Ab Eb/G Ab Bb Bb/D
하 나님의 어리석 음이 사람보다지혜롭 고
5 Eb Fm Ab Eb/G Ab Bb Bb/D Eb Eb/G
하 나님의 약 하 심이 사람보다강하니 라
9 Ab Eb/G Ab Bb Eb/G Ab Bb
약 할때강함주시 는 주 님 나와함께하 시 네
13 Ab Eb/G Ab Bb Bb/D Eb Eb/G
사 랑의주 님 께 내 삶을맡겨드리 네
17 Ab Bb Bb/D Eb Eb/G
약 할때강함주시 네 나와함께하 시 네
21 Ab Fm /Ab Bb Bb/D Eb
성 령의기름부어 주 시 니 나는두려움 없 네
25 Eb Fm Ab Eb/G Ab Bb Bb/D
우 리모두 인생의 길을 주님께맡겨 드리 세
29 Eb Fm Ab Eb/G Ab Bb Bb/D Eb
주 님나와 동행하 시면 행복한삶 살게되 리

E

132 하나님이 주시는 마음

(딤후 1:7 / 시 27:1)

말씀

작사 & 작곡 이순희

♩= 80

Eb Bb/D Eb Bb/D Ab/C Eb

하 나 님이 주시 는마음 두려 워하는마음 아 니 요

5 Eb Bb/D Eb Ab/C Bb Bb/D Eb Eb/G

오 직 능력과 사랑 과절제하는 마음 이 라 네

Fine.

9 Ab Eb/G Bb7 Eb/G Ab Ab/C Bb

주 안에 있는 우리의 인생길에 어둠이 몰려와 도

13 Ab Eb/G Ab Eb/G Ab Bb Bb/D Eb Eb/G

두 렵지 않네 놀라지 않 네 담대하게살아가 네

17 Ab Eb/G Fm Bb/D Ab Bb

여 호와는 나의빛이요 나의구원이 시 니

21 Ab Eb/G Fm Bb/D Ab/C Bb Bb/D Eb Eb/G

내가누구를 두려워하리 내생명의능력이시 니

25 Ab Bb Eb/G Cm Fm Bb Bb/D

내 가 누 구 를 무 서워하 리 요

29 Eb Bb/D Eb Bb/D Ab/C Eb

세 상 길에 험한 풍랑이 몰려 와도 두렵 지 않 네

33 Eb Bb/D Eb Bb/D Ab/C Bb Bb/D Eb

주 안 에서 흔들리지않네 나는 자 유 해

D.C

찬양

하늘에 그려지는

작사 & 작곡 이순희

♩= 80

E♭ B♭/D E♭ A♭/C E♭ B♭/D

하 늘에 그려 지는 일곱빛깔 무 - 지 개

5 E♭ B♭/D E♭ A♭/C B♭ B♭/D E♭ E♭/G

금빛물살 가 - 르고 흐르는 계곡의풍 경

9 A♭ A♭/C E♭ A♭ B♭7 E♭/G

높 - 은산에 우뚝 솟은 아름 다운 나무 들

13 A♭ A♭/C E♭ A♭ B♭

넓 - 은들에 심기 워진 아름 다운 꽃들 이

17 A♭ A♭/C E♭ A♭ B♭ B♭/D E♭

창 조주하나님을 찬양하 네 하늘과땅모든것들 이

21 E♭ B♭/D E♭ Fm E♭/G B♭ B♭/D

호 흡이 있는 자는 여호와를 찬양하 라

25 E♭ B♭/D E♭ A♭/C B♭/D E♭ B♭/D

온맘다해 주를 찬양 여호와를찬양 하 라

E

134 갈급한 내 영혼에

내적치유

작사 & 작곡 이순희

♩=76
갈 급한내영혼 에 생 수를부으시는 주
내 영혼 - 자유 해 내 영혼기뻐춤추 네
곤 고한내영혼 에 참 만족주시는 주
성 령으로채워 져 참 평안누 - 리 네
Fine
사 랑의주만 의지하 리 능 력의주만 의지하 리
소 망의주만 의지하 리 기 적의주만 의지하 리
생수를부으시는 주로인해 내영혼더이상 갈급하지않네
참만족주 - 시는 주로인해 내영혼더이상 곤고치않네
D.C

내적치유

감당 못할 절망 속에

작사 & 작곡 이순희

감 당못할 절망속에 낙심하 며 홀로눈물흘리 던그때
주 님나를 부르시는 그음성듣 고 새힘을얻 었 네
캄캄한어둠속에 길을잃고 헤매이며 눈물흘리던 그 때
주님의따뜻한손 길 나 를어루만 지시며 말씀하시 네
내 가너를 사랑 한다 내가너와함께하리 라
내 가너를 도와주리라 너는두려워하지말 라
얼 -마나 많은세월- 슬픔과 아픔속에 시달렸던가
얼 -마나 많은세월- 고통과 외로움에 시달렸던가
날 -마다 주의손길 느-끼 네 내마음에평안 넘 치 네
날 -마다 주와함께 걸어가 네 나의영혼자유하 네

E

136

깨닫지 못해

내적치유

작사 & 작곡 이순희
♩=76
깨 닫지 못 해 상처에 매여살던내 영 혼
이 제더 이 상 상처에 매이지않고 사 네
깨 닫지 못 해 고통에 몸부림치던 내영 혼
이 제더 이 상 고통에 몸부림치지 않 - 네
Fine.
깨 닫는것 이 은혜 라네 깨 닫는 것 이
인 생의문 제 깨달 음의 문 제라 네
사 랑 의 나 의 주 깨닫게 하여주소 서
능 력 의 나 의 주 지혜의영주 소 서
눈물로회개하며 기도하 니 깨닫게하여 주시 네
주님의크신사랑 깨달아지니 모든상처떠 나가 네
D.C

나의 모든 상처 치료하시는 137

작사 & 작곡 이순희

♩= 80
Cm Cm/E♭ G7 Cm Ddim Fm G G/B
나 의모든상처 치료하시는 사 랑의나의 주
5 Cm Cm/E♭ G7 Cm Ddim G7 Cm Cm/E♭
나 의모든질병 치료하시는 능 력의나의 주
9 Ddim/F G A♭ G G/B
주 의은혜와 사랑- 나 를감싸주시 네
13 Ddim/F G A♭ G G/B Cm
주 의은혜와 사랑- 내 맘채워주시 네
17 Cm G/B Cm Ddim Fm G
긍 휼이풍성하신 나-의 주 나 를변화시키 네
21 Cm G/B Cm Fm6 G/B Cm
사 랑이풍성하신 나-의 주 나 를새롭게하 네

138 내 안에 두 가지 법

영적전쟁

작사 & 작곡 이순희

♩= 74
Cm D° Cm/E♭ Fm G
내 안에두가지 법 내안에서 싸우 네
Cm D° Cm/E♭ Fm G Cm
내 안에두가지 법 내앞길가로막 네
Cm G/B Cm Cm/E♭ D° G/B
내 생각처럼 다가오 는 부정적인생각에끌 려
Cm G/B Cm Cm/E♭ G Cm
얼 마나많은 세월들 을 허비하며살아왔던 가
Cm G/B Fm/A♭ G/B Cm G/B Cm G/B A♭ G
아 하 곤 고한나의영혼 아 하 고달픈나의영혼
Cm G/B Fm/A♭ Cm G/B Fm/A♭ Cm G/B Cm
아 하 채워도채워지지않는 텅빈 나 의영혼 채워주소서
Cm G/B G Cm/E♭ Fm G G/B
나 의기도들어 주 소 서 분 별허락하소 서
Cm G/B G Cm/E♭ G G/B Cm
오 직주만바라 봅 니 다 나 를고쳐주소 서
Cm D° Cm/E♭ Fm G
사 랑의나의주 님 내영혼채우시 네
Cm D° Cm/E♭ Fm G Cm
능 력의나의주 님 참만족허락하시 네

상처로 가득한 내 영혼

작사 & 작곡 이순희

♩=66
상처로 가득한내영혼- 고통과슬픔 으로 물들어져있 네
이제야 깨닫고후회하며 간-절하게 회개 하며기도하 네
상처 로 가득한내영 혼 씻을길없어 방황 하 며 헤매이 네
사랑 의 주내영깨우 사 모든아픔과 상처 필요 하-시 네
Fine
믿음 있다 하면서 겨자씨만한 믿음 도 찾아볼수없 네
사랑 한다 하면서 이기적인사랑을하다 가 우울에갇 혀
언 제터질지모르 는 활화산처럼 위태로운 삶을살아왔 네
주 의마음으로내가면 저 품어주었으 면 행복했을것 을
조건 없는사랑으로- 서로 사랑했더 라면 얼 마나좋았 을 까
내가 먼저사랑하고- 용서 했더라면이런 아픔이없었을 것 을
D.C

140 상처를 가득 품은

내적치유

작사 & 작곡 이순희
♩=76
상처 를가득품은 마음 으로 주 앞에 나왔 네
내힘 으로 어찌 할수 없는 아픔가운데 있는 나 에 게
사 랑 의 빛 비 추 시 며 말씀하시 네
용 서하지못하 는것 은 사탄에게속는것이 니
모 든사람과 더 불 어 거룩함과화평함을 따 르 라
이것이없 이 는 아무도 주를보지못하리 라
선으로악을이기 라 사랑의 나의주님말씀하시 네
상처 를치유하는 주의 사랑 영 원하네끝없 네
주의 품에 안겨 평안 하네 희 - 망찬 삶 으로 달려 가 네

십자가

상처입은 영혼을

작사 & 작곡 이순희

♩=78
상처입은영혼을 - 치료하시는 십 자가 사 랑
주의놀라운 - 사랑 나타내 - 며 살 아가 리 라
외롭고 - 소 외된자 위 로하시는 십 자가 은 혜
주의놀라운 - 은혜 나 타내 - 며 살 아가 리 라
Fine
내 안 에서흘 러넘쳐 축 복의 통 로되게하 소 서
내안에서흘러넘쳐 복 음의 빛 을나 타 내 소 서
지 금도 내안 에서 일 하시 는 사 랑의 주
지 금도 내안 에서 나 를변화시 키 시 네
그 십 자가사 랑 내 안에 서흘 러 넘 치 네
그 십 자가 은 혜 나 를사 용하 여 주 시 네
D.C

142 성령의 인도받는 삶

동행

작사 & 작곡 이순희

♩= 72
Cm G/B Cm G/B
성령의 인도 받는삶 살게하소서
Cm Fm/A♭ Cm/G G G/B Cm
성령의 빛내 맘에 비춰주소서
Fine.
Fm Cm/E♭ Cm D° G/B
내모든삶 주께맡기게 하여주소서
Fm Cm/E♭ Fm G G/B Cm Cm/E♭
주님의 말씀 대로살-게 하여주소서
G G/B Cm G/B
언제어디서-든 나와함께하소서
G G/B Cm G/B Cm
주의밝은빛따라 살아가게하소서
D.C

세상의 헛된 것을

작사 & 작곡 이순희
세상의 헛된것을 잡으려고 헤 매이면 서
정욕따라살아가던 나의 삶은 공 허함 뿐이 네
세월은 쏜살같이 흐르고흘러 어느덧 젊은청춘 다지나갔네
이제야 깨닫고 후회하 며 회개의 눈물흘리 네
마 음을 다하 고 뜻을다하 고 힘을다하 여
네 하나 님 여호와를 사랑하라하 신 주
주님의 말씀따라 살아 가며 열 매맺 으 리
하늘의것바라보며 주님 의뜻 이 루며살아가 리

144 시련의 바람이 불어와도

믿음

작사 & 작곡 이순희

♩= 74

Cm Cm/E♭ D° G/B
시련 의 바람이불어 와 도 어둠 이 몰려 와 도

5 Cm Cm/E♭ Fm G G/B Cm Cm/E♭
나의 믿 음은흔들 리 지않네 요 동치 않 네

10 Fm A♭ G Fm G
거 센 바람 불어 와도 험한 파 도가덮쳐와 도

15 Fm G A♭ G Fm G Cm/E♭ G/D Cm
졸지 도 않으시고 주무시지도않으시는 나의주 나를지키시 네

20 G G/B Cm Cm/E♭ G
주 의 끝없 는 사랑이 나 를인도하 니

24 G G/B Cm Cm/E♭ G/D Cm
환 난의바람 이 불어도 나 는해를받지않 네

28 Cm Cm/E♭ D° G/B
견고 한 믿음으로 주 를 의지 하 며살 리 라

33 Cm G/B Cm Fm/A♭ G/B Cm
굳건 한 믿음으로 주만 바라보며 살 아가 리 라

아픔과 고통 속에

작사 & 작곡 이순희
♩= 80
아 픔과 고통속 - 에 헤 매일 때 도
나 이제 슬프지않네 행 복넘 치 네
슬 픔과 외로움속에 탄 식할 때 도
나 이제 외롭지않네 기 쁨넘 치 네
Fine
나 보다 나를 더 잘 아시는 주 님
끝 없는사랑으 로 나를위로 하시 네
더 이 상 살아나갈 힘 이없 을 때
낙 심 과 절망 속에 빠 져있 을 때
새 로운 생명의 길로 나를인도 하시 네
주 님의 오른손 으로 나를감싸 주시 네
D.C

146 어둠 속에 젖어 살던

내적치유

작사 & 작곡 이순희

♩= 76
Cm C m/E♭ Fm G G/B
어둠 속에젖어-살 던 나 의영 혼- 에
상처 를치유하시는 주 사 랑의 힘으 로
Cm G/E♭ D° Cm G/B Cm Cm/E♭
비춰 오는한줄기 빛 주님 의사랑의 빛
나를 감싸-주시 니 내영 혼자유하 네
Fine
G7 G7/B Cm Fm/A♭ Fm G
어 둠은흔적없이 사라지 고 모든상처흔적없이 사라지 네
G G/B Cm Fm/A♭ G/B Cm
내 영혼주의빛이 비춰지 니 내영혼의모든결박 풀어 지 네
G Cm/E♭ Cm Fm/A♭ G
영 원한 사 랑 이 내 영혼채우시 네
G Cm/E♭ Cm G/B Cm
영 원한 평 강 이 나를감싸주 시 네
D.C

어둠의 그림자를

작사 & 작곡 이순희

♩=78
Cm
Fm/A♭
G
Fm
G
G/B
어둠의 그림자 를 밝히시는주의밝은 빛
지금도 일하시 는 주밝은빛비춰주시 네
5
나보다 나를 더 잘아시는주의밝은 빛
한없는 주사랑 나를지켜위로하시 네
Fine
9
나 의모든눈물 닦아주시네 나 의모든어둠 몰아내시네
13
나 의모든상처 치료하시네 나 를새롭게 변화시키시네
17
사 랑의나의 주 내 곁을떠나지 않으시네
21
나 의우편 에 서 요동치지않게 붙드시네
D.C

148 어둠이 밀려올 때

빛

작사 & 작곡 이순희
♩= 72
어 둠 이 밀 려 올 때 나는 두 렵지 않 아
고 통 이 밀 려 올 때 나는 절 망치 않 아
주 님 의 찬란-한 빛 나를 감 싸주실 테니 까 까
주 님 의 사랑의손 길 나를 감 싸주실 테니
주를위해살기로 결단 한자 세상에선환난을 당하 지만
세 -상을이기신 나의 주님 너와함께하시니 두렴 없네
내 -영혼 어둠속에서도 주의빛 찾아가 네
내 -영 혼 어떤환경에도 해를받지않고자유하 네

의를 위하여 박해를 149

(마 5:10-12)

작사 & 작곡 이순희

♩= 74

의를 위하여 박해를 받는자 복이있나 니 천국이그들것이 요

나로 말미암아너희를 욕하고박해하고 거짓으로너희를거슬 러

모든 악 한말을할때 는 너희에게복이있나 니

기뻐 하 고즐거워하 라 말씀하신하 나 님

우 리 는 하 나님의 상 속 자

예 수 그리스도 와 함께한 상 속 자 니

주와함 께 영광 받기위하여 - 고난 도 함께받아야하 네

현재의 고난은 장차받 을 영광 과 비교할수없 다 네

세상 에서는 환난을 당하나 담대하 라 말씀하신주 님

이미 이겨놓으신싸움 믿 - 음 가지고 승리하며살아가리 라

150 이 세상의 모든 사람

내적치유

작사 & 작곡 이순희
♩= 72
Fine.
D.C
이 세 상의모든사 람 상처 와 고통중에살아가 네
리 -의모든질 병 고치 시 는치료의하 -나 님
이 세 상의-모든사 람 하나 님 치료필요하- 네 (이)
치 료 의광선비-추 사 자유 케 하신주-찬양 해
죄 중에신음하 고 고통중에몸부림치 는
영혼들을위 하 여 십자가에못박히신 주
그 사랑 의 손 길 에 나 를맡겨드리 니
그 피묻 은 손 으 로 나 를고쳐주시 네
우 리모 두 치료 의 근원되신 주님 께
달 려나 가 모든질병 치료받기 원하- 네 (우)

사명

주님의 군사

작사 & 작곡 이순희

♩= 86
주 님의 군사 - 용 맹한 군사 군사되어달려나가 리
주 님의 병사된 성 도는 자기 생활에얽매이지않 네
주 님의 선한뜻 이 루는 군사 군사되어달려나가 리
내 생각 내욕심 내 뜻버리고 주님의뜻이루며살 리
Fine
바 닷가의 모래 같이 많 고많은 영혼 들을
살 리기위해 주님 의충성된 병 사되리 라
하 늘 의 별과 같이 영원토록빛나는 삶
살 아 가기 위 해 주님의병사되리 라
D.C

E

152 캄캄한 어둠 속을

빛

작사 & 작곡 이순희

♩= 72
Cm Cm/E♭ Fm G
캄캄 한 어둠 속 을 헤 매일 때 에
절망 의 늪에 빠 져 헤 매일 때 에
5 Cm Cm/E♭ Fm G 1.Cm 2.Cm Cm/E♭
주님 내 게밝 은- 빛 비 춰주 시 네 네
주님 내 게소 망가 득 안 겨주 시
11 G Fm G G/B Cm G/B
고 난의파도속에 서 내손잡아일으키시 네
15 G Fm G G/B Cm G/B Cm Cm/E♭
환 난의시련속에 서 나를감싸안아주시 네
19 G Cm/E♭ G Cm/E♭ G
어 둠 에서 빛 으 로 절망 에 서소망으 로
23 G Cm/E♭ G Cm/E♭ G G/B Cm
나 를 인도 하 시 네 내게 기쁨 주시 네
27 Cm Cm/E♭ Fm G
주님 의 사랑 내영 혼 가 득채우시 네
32 Cm Cm/E♭ Fm G Cm
주님 의 능력 내안 에 흘 러넘 치 네

크고 은밀한 일

153

(시 50:15 / 렘 33:3)

작사 & 작곡 이순희

♩= 80
Cm G/B Fm/A♭ G Fm G Cm
크고은밀한일 보여주소서 내게보여주 소 서
5
Cm Ddim E♭ G Fm Fm/D G
환 난날에 나를부르라 내가너를건지리 니
9
Cm Ddim E♭ G A♭ G/B Cm
네 가나를 영화롭 게 하 리 라
13
A♭ G Fdim G A♭ Fdim G
너 는내게 부르짖으라 내가네게응답하겠 고
17
A♭ G Fdim G/B Cm A♭ G/B Cm
네 가알지못하 는 크고은밀 한 일을 네게 보이리라
21
Cm G/B Ddim/A♭ G Fm Fm/D G
환난날에부르짖는 내 기 도 응답하여주 소 서
25
Cm G/B Ddim/A♭ G Fm G Cm
내가알지못한크고 은밀한 일 내게보여주 소 서

154 험난한 인생길

내적치유

작사 & 작곡 이순희
♩= 76
험 난한 인생 길 굽 이굽이걷다 가
거 칠고 메마 른 땅 을헤매이다 가
곤 고해진내영 혼 마 주하 였 - 네
내 마음 - 메마 른 사 막이 되었 네
죄와상처로 인 해 찢기고 상 한 마 음 과
교만과욕심으로인 해 가난해진 내영혼은 갈길몰 라
방 황하며 헤매이다 - 눈물흘리며회개하 니
바 로그때 나의주님 - 하늘문을여 시 고
성령의 단비내 려 굳은심 령 녹이시 네
사막 같이메마 른 내영혼 에 단비내리 네
굳은심령제거되고 - 부드러운마음 으로 변화되 네
내영혼의하나님의 씨가 싹이나고 이삭나고열매맺히 네

헤아릴 수 없는 사랑

작사 & 작곡 이순희
♩=72
Cm D° Cm/E♭ Fm G
헤 아 릴 수없는 사 랑 하나 님의 그사 랑
Cm D° Cm/E♭ Fm Cm/E♭ G Cm
죄 와 허 물덮어 주 신 놀 - 라운 그사 랑
Cm/E♭ Fm Cm/E♭ G Cm/E♭ D° G/B
아 무 런 조건없이 주신사 랑 그사랑에빚진자되 어
Fm/A♭ A♭ G Fm Cm/E♭ Fm G Cm Cm/E♭
주 의 크 신 사 랑 으 로 주 의 복 음 전 하 세
G Cm/E♭ Cm Fm/A♭ G
희 생하는사랑 섬기는사랑 아낌없이주는사 랑
G Cm/E♭ Cm G/B Cm
양 보하는사랑 품어주는사랑 헌신하는사랑으 로
Cm D° Cm/E♭ Fm G
서 로 서 로사랑 하 며 주님 의뜻 이루 세
Cm D° Cm/E♭ Fm Cm/E♭ G Cm
이 웃 사 랑실천 하 며 주 의 복 음 전하 세

156

감사함으로 그 문에

(시 100:4)
작사 & 작곡 이순희
감 사함 으 로 그 문에들어가 며
찬 송함 으 로 그 궁정에들어가 서
그 에게 감사하 며 그 의이 름 을
송 축할 지 - 어 다 송 축할 지어 다
여호와께 - 감사하라 - 그의인자하심이 영원함이로다
여호와를 - 찬양하라 - 그의위대하심이 영원함이로다
주 께감 사 해 온 마음다 - 하 여
주 를찬 양 해 위대하신주를찬양 해

성경

겉사람은 낡아지나

157

(고후 4:16-18)

작사 & 작곡 이순희
♩= 80
겉사람은 낡아지 나 속사람은 날로새로워 지도 다
우 리가낙심하 지 아니하노 니 우리의겉사람 은 낡아지나
우 리의속사람 은 날 로 새 로워 지도 다
우 리가 잠시받는환 난 의 경한것 이
지 극히 크고영원한 영광 의 중한것 을
우리에게이루게 함이니 우리 가 주목하는것 은
보이는것아니요 보이지 않는 것이니 보이는것 은
잠 깐이요 보이지 않는것은 영 원함 이 라
속사람을 강하게 열매맺는 삶 을살 리 라

158 고달픈 인생길 걸어가면서

내적치유

작사 & 작곡 이순희
고달 픈인생길 - 걸어가면서 - 지 치고 힘이들 때
내손 을잡-아- 일으키시는- 사 랑의 나의주 님
아픈 상처 치료 하시고 나의 눈물- 닦아주시 네
고달 프고 지친 마-음 치료 하시고 위로하시 네
나의- 마음 에 열 정살아나 네
나의- 마음 에 행 복넘쳐나 네
힘찬발걸음으로- 복음전하며- 좋 은열 매맺으 리
고달픈영혼에게- 복음전하며- 주 께로 인도하 리

말씀

끊을 수 없네

(롬 8:35-38)

작사 & 작곡 이순희

♩= 80

끊 을수없네 끊을수없네 우 리를그리스도 사랑에 서

5 환 난 이나 곤 고 나 박 해나기근이 나

9 적 신 이나 위험이 나 칼 도 우 리 를

13 그 리스도의 사랑에 서 끊 을수 없다 네

17 사 망이나 생 명 이나 천사들이나 권세자들이나

21 현 재일이나 장 래 일이나 능력이나높음이나 깊음이나

25 다 른 그 어떤것 도 우리를 그리스도 예수안에있는

29 하 나 님 사랑에 서 끊을수 없 다 네

33 하나님의사랑에서 끊을수없네 넉 넉히이 기 네

37 하나님의사랑에서 끊을수없네 넉 넉히이 기 네

F

160 끝없이 흘러넘치는

사랑

작사 & 작곡 이순희
♩= 80
F C/E F C/E F
끝없이흘러넘치 는 주님의놀라운사 랑
F C/E F C/E F F/C
주님의조건없는사 랑 그사랑나를인도하 네
Fine.
F Gm B♭ C C/E
거 칠고 험한산 길 나 홀로걸어갈때 도
F Gm B♭ C C/E F F/A
내 맘대로 살 면 서 죄 짓고있을때에 도
C7 B♭ F/A B♭ F/A C
어디서나 사랑의주 나와함께 하시 네
C7 B♭ F/A B♭ C F F/C
사랑의주 성령의생수 내게부어 주시 네
F Gm F/A B♭ C C/E
그 은혜의 강 물 에 내 모든상처씻으시 네
F Gm F/A C C/E F
그 은혜의 강 물 에 내 영혼참된평강얻 네
D.C

나를 향한 주님의

작사 & 작곡 이순희

♩= 80
F Gm C/E F C/E F
나를 향한주님의 크신사랑이 나의영혼자유케하 네
5 F Gm C/E F C/E F
나를 위해십자가 못박히신주 내모든죄씻어주시 네
9 F Gm F/A C7 C7/E F
주 홍같이 붉 은죄 진홍같이붉 은 죄
13 F Gm F/A C7 C7/E F
씻을 길없어 - 고 통속에 울부짖는내 영 혼
17 F Gm C/E F Gm C/E
새롭게하셨네 변화시키셨네 십자가의 보혈 로
21 F Gm C/E F C/E F
정결케하셨네 깨끗케하셨네 십자가의보혈 로
25 F Gm C/E F C/E F
내안 에주사랑 끝없이흘러 나의영혼기뻐춤추 네
29 F Gm C/E F C/E F
내안 에주사랑 끝없이흘러 주품에서안식누리 네

F

162 나의 모든 상처

내적치유

작사 & 작곡 이순희
♩= 86
나의 모든상처 주께맡기고 주의이름찬양 하 리
나의 모든아픔 주께맡기고 주의이름찬양 하 리
어 둠속에서도 주의빛 비춰 모든결박풀어주시 네
환 난속에서도 주의빛 비춰 참된안식허락하시 네
주의손에붙들린 자 해를받지않는다 네
주의품에안긴영 혼 해를받지않는다 네
나 이 제 영원토 록 주안에서참된자유 누 리 리
나 이 제 영원토 록 주안에서참된평강 누 리 리

나의 삶을 주관하시는 성령이여 163

작사 & 작곡 이순희
♩= 80
나의 삶을 주관하시는 성 령 이 여
성령 님의 인도하심에 순종하기원 하 네
성 령께내인생 맡겨드리니 성 령의능력으로 날붙드소서
성 령께내인생 맡겨드리니 내 마음만 - 지사 지켜주소서
나 - 이제 성 령 께 붙 들린자되 어
하 - 늘의 능 력 과 지 혜충만받으 리
성령 으로 충만함받아 사 명 감당하 여
참기 쁨과 평강누리며 주안에서자유하 리

164 나의 힘과 소망되시는

은혜

작사 & 작곡 이순희
♩= 80
F C/E Dm F/A B♭ Csus4 C
나 의힘과 소망되시는 주 님의 은 혜
F C/E Dm F/A B♭ C F
영 원하고 변함이없는 주 님의 사 랑
Dm B♭ Gm C C/E
어 떠한시련이와 도 나 는두렵지않 네
F B♭/D B♭ C C/E F F/A
주 님이함께하시 니 걱 정근심없 네
C F/A C C/E F
고난을이길힘주 신 사랑의주 세상을이길힘주 신 능력의주
C F/A C C/E F
굳건한믿음참된 믿 음가지고 말씀따라살아가 면
F C/E Dm F/A B♭ Csus4 C
나 의영혼 평안하겠네 주 의은 혜 로
F C/E Dm F/A B♭ C F
나 의영혼 자유하겠네 주 의은 혜 로

사명

내가 이미 얻었다 함도 165

(빌 3:12–14)

작사 & 작곡 이순희

♩=76
내가이 미 얻었다함도 아 니 요
온전히 이 루 었다함 도 아 니 라
오직 내 가그리스도 예 수께 잡힌바된그 것 을
잡으 려 고달 려 가 노라 달 려가 노 라
형 제들아 나는아직잡은줄로 여기지 아니하 고
오 직한일 즉 뒤에있는 것은 잊어 버리 고
앞에있는것 을 잡으려 고 푯 대를향 하 여
그리 스 도 예수안에서 하 나님 이
위에 서 부르신 부름의 상을위해 달 려가 노 라

F

166 높고 깊은 주의 사랑

사랑

작사 & 작곡 이순희
♩=76
높고깊 은 주의사 랑 내마음 에 스며드 니
세상과 난 간곳없 고 나를구 원 하신주만 보이 네 네
나의삶 을 불태우 며 잡으려 고 애 썼던 모 든 것
배설물 로 여겨지 네 나이 제 정욕따라 살지않 네
세 상유혹에 흔들리지않네 주님의사랑나를붙드시 네
십 자가사랑 내삶을인도하네 사랑의주 를찬 양하 네
넓고넓 은 주의사 랑 내마음 에 채워지 니
주님사 랑 이웃사 랑 실천하 며 행복하게 살아가 리

기쁨

높이 높이 손을 들고

167

작사 & 작곡 이순희
♩= 96
Fmaj7 Gm7 B♭maj7 C7 Gm7 C7 F/A B♭ C
높이 높이 손을들어주께찬양 드 려요 주를높여요
Fmaj7 Gm7 B♭maj7 C7 Gm7 C7 B♭maj7 B♭/C F
높이 높이 춤추면서찬양하면 기 쁨이 흘러넘쳐요
B♭ F/A Gm F B♭/G F/A B♭/G C/E C7 F/A
웃고뛰고주안에서 찬양하면 우리마음주안에서 하나 돼요
B♭ F/A Gm F B♭/G F/A B♭maj7 C7 C/E Fmaj7
웃고뛰고주안에서 찬양하면 우리마음주안에서 행복 해요
Fmaj7 Gm7 B♭maj7 C7 Gm7 C7 B♭maj7 C7
많은영혼 우릴보고돌아오네 하늘에천국잔치 벌어 지네
Fmaj7 Gm7 B♭maj7 C7 Gm7 C7 C/E Fmaj7
많은 영혼 우릴보고돌아오네 하늘에천국잔치 벌어 지네

F

168 눈을 들어 주를 보라

내적치유

작사 & 작곡 이순희

♩= 80
F F/A C B♭ C C/E F
눈 을 들어 주를보 라 주의빛 비춰주시 네
F F/A C B♭ C C/E F F/A
어 둠 속에 길을잃 은 나를찾아오 신 주
C/E F F/A B♭ Csus4 C F F/A
힘이들고지친내삶 에 새 힘을허락하시 네
C/E F F/A B♭ Csus4 C F F/A
고난속에나를일으 켜 다시걸어가게하시 네
B♭ C Dm C B♭ C
나 주와함께 걸어가 며 믿음으로살 리 라
B♭ C Dm C/E Gm C C/E F
나 주와함께 걸어가 며 주의복음전 하 리

찬양

말로 다 표현할 수 없네

169

작사 & 작곡 이순희
♩= 76
말 로다표현 할수 없네 놀라 운주 의사 랑
말 로다표현 할수 없네 성령 의놀라운능 력
Fine.
그 어떤 장애 물도 넉넉 히뛰어넘게 하시 네
그 어떤 환난 중에도 - 즐거 워하게하시 네
환 난은 인내 를 인 내는 연단 을
연 단은 소망 을 이루게 하시는 나의 주
고 난중 에 도 기뻐하며 찬양하게하 시 네
세 상을살아 가는 동안 주만 찬양 하리 라
세 상을살아 가는 동안 주만 의지 하리 라
D.C

170 말씀따라 사는 자

말씀

작사 & 작곡 이순희

♩=76
말 씀따라사는 자 최 상의복누리 네
하 나님을사랑 하 는 자 넘 치는복받겠 네
하나 님을의지하 는 자에게 축복 하여 주시 네
하나 님을사랑하 는 자에게 축복 하여 주시 네
보호 의복 만족 의 복 평강 의복 주시 며
풍요 의복 건강 의 복 응답 의복 주시 네
우리 모두 복의 근원 하나님께나아가 세
주님 주신 권능 으로 충성하며살아가 세
말 씀따라살아가 리 성 령의인도받 아
하 나님의동역 자 되 어 빛 과소금되리 라

복음은 겸손과

작사 & 작곡 이순희

♩=76
F C/E B♭/D F
복 음은 - 겸 손과 - 비 움 의 능 력
5 F C/E B♭7 C7 F
복 음은 - 사 랑과 - 섬 김 의 능 력
9 F C/E F C/E F
복음 안에 거하 는자 주의 빛을 발하 네
13 F C/E F C/E F F/A
복음 안에 거하 는자 참된 자유 를얻 네
17 B♭ F/A B♭ B♭/D Gm C
진 리가 우리 를 자 유케 하 네
21 B♭ F/A B♭ B♭ C C/E F F/C
주의영이계신곳 에 자 유임 하 네
25 F F/A C F/A B♭ C C/E
복 음안에담겨 진 명령 에 순 종 하 는 자
29 F F/A C B♭ C F
주 님의깊은사 랑 깨닫 고 복 음 전 하 네

172 성령의 부드러운

성령

작사 & 작곡 이순희

♩= 76
F
F/E
Dm
C
C/E
성 령 의 - 부 드 러 운 음 성 내 게 들 리 네
의 - 뜨 거 운 불 나 를 치 료 하 시 네
5
1. F
2. F
나 의 맘 - 깊 은 곳 에 빛 을 비 춰 주 시 네 성 령 네
성 령 의 - 크 신 은 혜 내 게 능 력 주 시
11
F/A
B♭
Gm
성 령 의 강 한 바 람 - 내 게 불 어 와
15
모 든 어 둠 물 리 치 네 - 평 안 넘 치 네
19
날 마 다 - 주 의 사 랑 전 - 하 며 살 아 가 리
24
성 령 의 - 인 도 받 아 주 의 복 음 전 하 리

성령의 불이 우리에게

작사 & 작곡 이순희

♩= 76
F Gm C/E B♭/D C
성 령의 불 이 우리에게임하시 네
F Gm C/E B♭/D C/E F F/C
완 악한 마 음 녹 여 깨끗하게하 시 네
F Gm B♭ C B♭ C C/E
죄와상처 태우시고 자유 케 하 여
F Gm B♭ C C/E F
영 원한 생명으로 인도 하 시 네
F Gm C/E B♭/D C C/E
뜨 거운 성 령 성령의불임하시 니
F Gm C/E B♭/D C/E F
주 님의뜻이루 며 열매맺는삶을사 네

174 세상에 내 마음 내어 줄 때에

내적치유

작사 & 작곡 이순희

♩= 76
세상에 내마음 내어줄때에 어둠은내 영혼 사로잡네 -
미움과 질투에 사로잡힌나 끝없는어 둠에 머물게되네
욕심과 정욕에 사로잡히고 상처의덫에갇히 게 되 네
분노의 불길이 내맘태우고 내영혼어둠속을 헤 매 네
성령님 내마음 새 롭게 새롭게하여주소 서
세상욕심버리도록 성령의능력으로 나를채워 주소 서
십자가사 랑 내맘가득 가득채워 정결 케 하시네
십자가능 력 나를채워 거룩한길 가게 하 시 네
나이제 세상욕 심 버렸네 더이상정욕따라 살지않네
나이제 주님만 바 라보네 진리안에자유케 하 시 네

십자가 그 사랑이

작사 & 작곡 이순희
♩= 83
십 자가 그사 랑이 우리를 구원하셨 네
십 자가 그능 력이 우리를 자유케하 네
십자가에서흘리 신 보배로운피 나의모든죄씻었 네
십자가에서흘리 신 보배로운피 나를자유케하셨 네
주 님의끝없는사 랑 내안에서흘러넘치 네
주 님의끝없는능 력 나를사용하여주시 네
이 생명 다 - 하여 주 를 찬양하겠 네
영 원토록 영원 토록 주 를 찬양하겠 네

176 십자가의 능력

십자가

작사 & 작곡 이순희
♩= 80
십자 가의 능 력 우리 의자아를 깨뜨 리고
우리 의성 장 과 변화 를이루게하 네
십 자 가에 서 우리의 자아가 깨어진만 큼
생 각의변화 마 음의변화 존 재의변화이루 네
우 리모 두 십자가 앞 에 서
내 생각 과 자아를 무너뜨리 고
주의 뜨거 운 사랑으 로 가 득 채 워
성결 한영 혼 거룩한 영혼으 로 변화되기 원 하 네

어두운 밤에도 주의 빛

작사 & 작곡 이순희
♩= 86
F C/E C /D C/E F C/E F
어두 운밤에도 주의빛 비춰 나의길을밝히시는 주
F C/E C /D C/E F Gm7 C7 F
고난 의밤에도 주의빛 비춰 나의삶을인도하신 주
F B♭/D B♭ C C/E
주 님의 은혜 로 나의영혼견고해지 네
F B♭/D B♭ C C/E F F/C
주 님의 은혜 로 나의영혼새롭게되 네
F /E Gm F/A B♭ F/A B♭ C C/E
어두운세상속에 서도 나의영혼 지켜주시는 나 의 주
F /E Gm F/A B♭ C C/E F
어두운고난의밤 에도 참된평강 누리게하시는주 찬양해
F C/E C /D C/E F C/E F
험한 시련속에서 도 주 님은 나의힘이되어주시 네
F C/E C /D C/E F Gm7 C7 F
전능 하신주께 내삶을맡기리 오직주께영광돌리 리

178 영광스런 주님을 찬양하며

찬양

작사 & 작곡 이순희

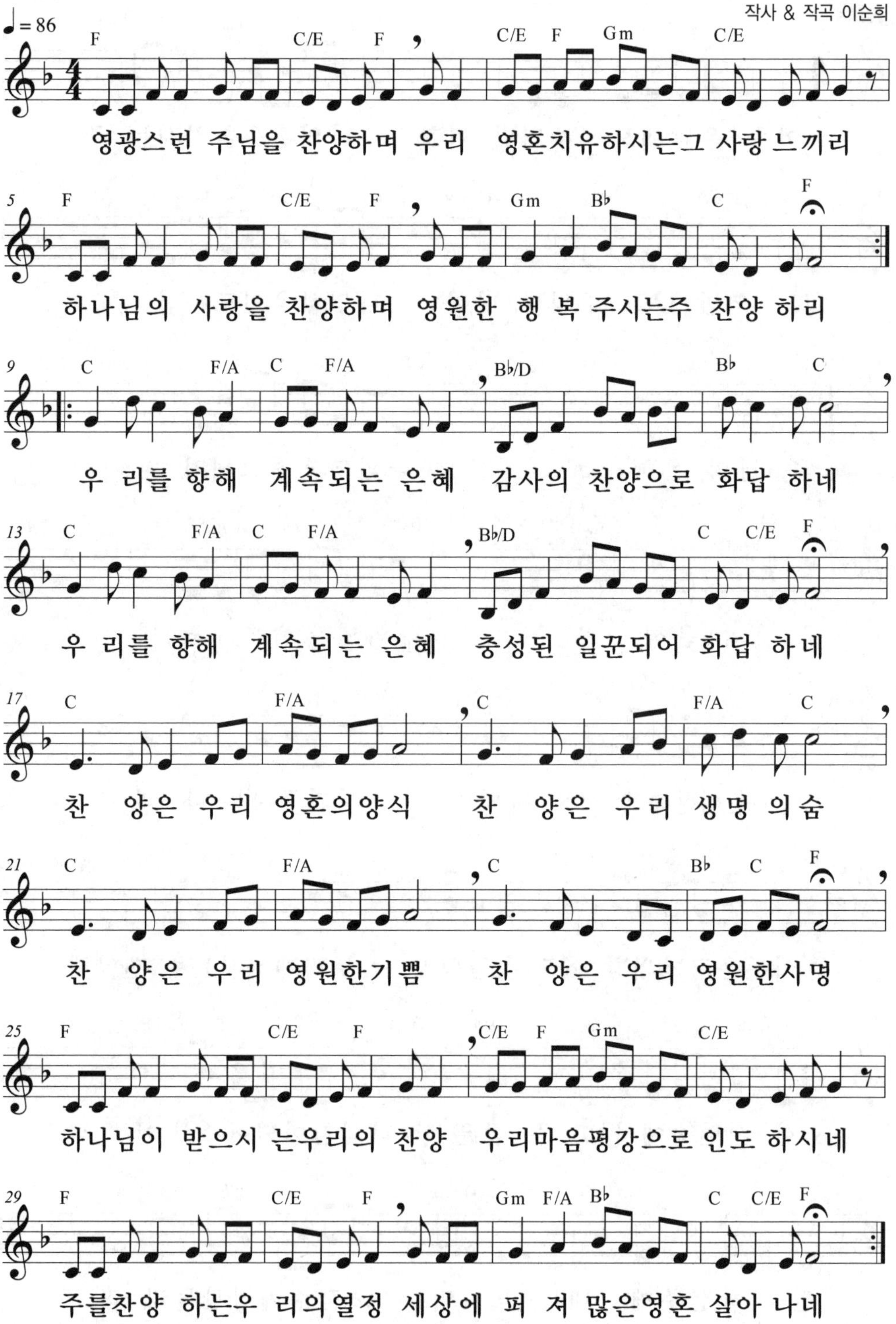

♩= 86

영광스런 주님을 찬양하며 우리 영혼치유하시는그 사랑 느끼리

하나님의 사랑을 찬양하며 영원한 행 복 주시는주 찬양 하리

우 리를 향해 계속되는 은혜 감사의 찬양으로 화답 하네

우 리를 향해 계속되는 은혜 충성된 일꾼되어 화답 하네

찬 양은 우리 영혼의양식 찬 양은 우리 생명 의숨

찬 양은 우리 영원한기쁨 찬 양은 우리 영원한사명

하나님이 받으시 는우리의 찬양 우리마음평강으로 인도 하시네

주를찬양 하는우 리의열정 세상에 퍼 져 많은영혼 살아 나네

예수님의 사랑 넓고 깊어 179

작사 & 작곡 이순희
♩=74
예수 님 의사랑넓고 깊어 십자가 에 달리신 그사 랑
예수 님 의은혜넓고 깊어 물과피 를 쏟으신 그사 랑 랑
바 다보다깊 고 하늘보다 높은 주님의 크신사 랑
영 원하신사 랑 조건없는 사랑 우리를 감싸시 네
그 놀라운 사랑 이 우 리를새롭게하 네
그 놀라운 능력 이 우 리를구원하셨 네
우리 모 두주의사랑 으로 사랑하 며 주의뜻 이루 세
우리 모 두주의능력 으로 축복의 통로되어살 아가 세

180 우리를 구원하신

사랑

작사 & 작곡 이순희
♩= 76
우리 를구원하 신 주님 의크신 사 랑
우리 의모든질 병 치료 하여 주시 네
십 자가 에 못박히 신 보 혈의 능 력
우 리의 모 든 결 박 풀 어주 시 네
죄와어둠물리치 고 자유케하실 우리주를찬양하 세
모든상처씻어주 고 정결케하실 우리주를찬양하 세
그 놀라운 사랑 이 우 리를구원하셨 네
그 놀라운 사랑 이 새 롭게하 셨 네

성령

우리의 죄와 상처 태우시고 181

작사 & 작곡 이순희
♩= 76
F Bb C Fsus/D Bb Gm C C/E
우리의죄와 상 처 태우시고 자유케하시는성 령
F Bb C Fsus/D Bb C F F/C
우리의모든 질 병 태우시고 강건케하시는성 령
Fine.
F /G /A Bb C F/D C/E Bb/D C C/E
성 령의불이 내게임하시네 나를새롭게 하시 네
F /G /A Bb C F/D C/E F F/A
성 령의불이 내게임하시네 나를변화시키시 네
Bb Bb/D C/E F C
항 상기뻐하 라 쉬지말고기도하 라
Bb Bb/D C/E G7 C7 F
범 사에감사하 라 명령따라살아가 리
D.C

F

182 의의 면류관

성경

(딤후 4:6-8)

작사 & 작곡 이순희

♩=96
의의 면류관 의의면류관 받 기원 하 네
의의 면류관 의의면류관 면 류관받기원하 네
전 제와같이 내가벌써부어지 고 나의떠날 시 각 이
가까웠도다 나는선한싸 움 을 싸 우 고
나의달려갈 길을 마 치 고 믿음을 지켰으 니
이제후로는 나를위하여 의의면류관이 예비 되었으므로
주 곧 의로우신 재판장이 그날에 내게주실것 이 며
내게만 아니라 주의나타나심을 사모하는 모든자에게 도니라

찬양

주님 앞에 나아가

183

작사 & 작곡 이순희

♩= 82
F C/E B♭/D C C/E
주 님앞에 나아가 내 마음 드리네
F C/E B♭/D C C/E F
온 - 전한 예배로 주 께영광돌리네
F Gm C/E F
주 님의 사랑안에서 내 삶이새로워지 네
F Gm C/E F F/A
주 님의 말씀안에서 내 영혼숨을쉬 네
C7 F/A C B♭ C
내 영혼의 어둠속 에 빛 을비춰주신 주
C7 F/A C B♭ C C/E F
주 의사랑 잊지않 고 날 마다찬양하 리
F B♭/D Gm/B♭ C C/E
주 예수 나의왕 나 의구 세 주
F B♭/D Gm/B♭ C7 F
주 예수 나의빛 영 원히 찬양 해

F

184 주님 앞에 나아갑니다

임재

작사 & 작곡 이순희
♩= 80
F C/E B♭ C C/E F
주 님앞에 나아갑니다 간 절하게기도 합 니 다
F C/E B♭ Csus4 C F
내 마음과 정 성다해 주 만바라봅니 다
F/A B♭ F/A Gm C
나 의모든기도 들어주시는 주 님내게 임하소 서
F/A B♭ F/A Gm C F
지 금이시간에 주님의사랑 가 득채워주소 서
F C/E B♭ C C/E F
사 랑의주 내게오셔서 내 맘가득채워 주 소 서
F C/E B♭ C F
오 직주만 바라봅니다 내 게임 - 하소 서

주님의 사랑은

작사 & 작곡 이순희
♩= 70
주님 의사랑은 나의힘과 - 소망 이 되 네
주님 의은혜로 나의영혼 - 평안 얻 었 네
주님 의사랑은 영원하고 - 변함 이 없 네
주님 의은혜로 나의영혼 - 자유 얻 었 네
Fine
어 떠한 시련이와도 나는 두렵지않 네
주 예수 함께하시니 아무 염려걱정 근심없 네
고난 - 을 이길 힘주신 사 랑의 나의 주
세상 - 을 이길 힘주신 능 력의 나의 주
굳 건한믿 음 참 된믿음으 로 말씀따라살아 가 면
주 님의밝은빛 나 의삶을 의의길로인도하시 네
D.C

186 주님의 크신 사랑이

사랑

작사 & 작곡 이순희

♩= 74
F C/E C F/A
주 님 의 크신사랑 이 우 리 를 감싸 주시 네
5 F C/E F Gm C/E 1. F 2. F
두 려 움 없어지 네 담 대 하 게살아가 네 네
11 F B♭/D B♭ C C/E
주 의오른손 이 우 리 를 붙 드 시 네
15 F B♭/D B♭ C C/E F F/A
우 리의모든문 제 해 결 하 여 주 시 네
19 C F/A C B♭ C
치 료의 하나 님 능 력의 하나 님
23 B♭ F/A C C/E F
위 로의 하나 님 나 를감싸주시 네
27 F C/E C F/A
성 령 의 크신능력 이 나를 변 화시키시 네
32 F C/E F Gm C/E F
주 님 의 오른손 이 나를 해 방시키시 네

주의 사랑 내 맘에

작사 & 작곡 이순희

♩= 76
F B♭/D C C/E
주 의사랑내맘 에 주 의능력내안 에
5 F F/A B♭ C C/E F F/C
주 의은혜내안 에 흘 러넘 치 네
9 F C/E C7/D F/C Gm Gm/B♭ C C/E
내 안 에 모든어둠 한순간에사라지 네
13 F C/E C7/D F/C Gm C/E F
내 안 에 주의능력 흘러흘러넘쳐나 네
17 F B♭/D C C/E
보 배되신주님 이 나 와함께하시 니
21 F F/A B♭ C F
환 난이닥쳐와 도 능 히이겨내 네

188 거룩한 성령이여

성령

작사 & 작곡 이순희
♩=76
거 룩한 성령 이여 내 게임하소 서
거 룩한 성령 이여 이자리에임하소 서
Fine.
뜨 거운 성 령의불 모든죄악태우소 서
뜨 거운 성 령의불 나를깨끗케 하소 서
아 아 사랑의 주 성령의불내려주시 네
아 아 성령의 불 나를새롭게 하시 네
D.C

고난을 유익으로

작사 & 작곡 이순희
고 난을유익으 로 바꿔주시 는 주를찬 양 해
하 나 님이 사랑하는자에게 허 락하신고 난
하 나 님만 의지하고인내하면 유 익이 되 네
불 같은시험이 내게닥쳐도 주님함 께하시니 두렵지않 네
거 칠 고험한파도 내게닥쳐도 피할길 을내시는 주만의 지해
고 난 속에 나를연단하시는 주 님 의그사 랑
나 의 고난 유익으로바꾸시는 주 를찬 양 해

190 나의 모든 죄를 씻어주시는

보혈

작사 & 작곡 이순희
♩= 90
나 의모든죄를 - 씻어주시는 보 혈의 능 력
나 의모든병을 - 고쳐주시는 보 혈의 능 력
나 의모 든상 처 - 치유하시는 보 혈의 능 력
나 의모 든아 픔 - 치유하시는 보 혈의 능 력
Fine.
그 사랑이 나의모든문제 - 해 결 하 시 네
그 사랑이 나의모든결박 - 풀 어 주 시 네
주의보혈 - 나에게 기쁨주시 네 평안주시 네
주의보혈 - 나에게 능력주시 네 생명주시 네
주 의보 혈내 죄 - 씻어주시네 정 결케 하시 네
주 의보혈나를 - 성결케하네 새 롭게 하시 네
D.C

내 영혼을 결박하는

작사 & 작곡 이순희
♩= 76
내 영혼을 결박 하는 - 고집과 교만 - 상처와불 신
내 영혼을 결박 하는 - 허영과 욕심 - 집착자존 심
내 인생을 병들게한 우울과 불안 염려걱정근 심
나의인생병들게하 네 고통스럽게 하 네
정 - 욕으로 가득찬 나의영혼 에 회개의영 부으시 네
깨 - 닫게 하시네 헛된것만 좇아살던나의영혼 주를보네
자 아가깨어지네 모든결박 풀어지 네 자유케 되 네
자 아가깨어지네 모든정욕 떠나가 네 승리케 되 네
내 영혼이 세상 에서 - 줄수없는 참된 - 평강누리 네
내 영혼이 세상 에서 - 줄수없는 참된 - 기쁨누리 네

192 따뜻하고 부드러운

보호

작사 & 작곡 이순희
♩= 76
Dm Gm/B♭ Dm Gm/B♭ Dm Dm/F A A/C♯
따 뜻 하 고 부 드 러 운 주 님 의 손 길
Dm Gm/B♭ Dm Gm/B♭ Dm A/C♯ Dm
나 의 삶 을 감 싸 시 며 평 안 주 시 네
Dm Dm/F A Gm A Gm A A/C♯
상 처 와 고 통 속 에 쓰 러 졌 을 때
Dm Dm/F A Gm Dm/F Gm A Dm Dm/F
거 칠 고 험 한 길 을 걸 어 갈 때 도
A Gm Gm/B♭ Dm Gm/B♭ A
주 님 의 의 로 운 손 나 를 잡 아 주 시 네 두 렵 지 않 네
A Gm Gm/B♭ Dm Gm/B♭ A Dm
주 님 의 손 을 잡 고 고 달 픈 인 생 길 을 헤 쳐 나 가 리
Dm Gm/B♭ Dm Gm/B♭ Dm Dm/F A A/C♯
주 의 손 길 닿 는 곳 에 모 든 결 박 풀 어 지 네
Dm Gm/B♭ Dm Gm/B♭ Dm Dm/F A Dm
주 의 손 길 닿 는 곳 에 기 쁨 평 안 넘 쳐 나 네

빛

말씀의 빛으로

193

작사 & 작곡 이순희
♩= 80
Dm Dm/F A7 Gm/B♭ A
말 씀의빛으로 오 신 주 사 랑의나 의 주
5 Dm Dm/F A7 Gm/B♭ A/C♯ Dm Dm/F
어둠속에빛으로 오 신 주 사 랑의나 의 주
9 A Dm Dm/F A Gm/B♭ A
주 의빛이 나의마 음 가득 채 우 네
13 A Dm Dm/F A Gm/B♭ A Dm
주 의빛이 나의갈 길 인도 하 시 네
17 Dm Dm/F A Dm/F Gm Dm/F A A/C♯
주 의 말씀 세상에 빛이되어 소망을전 하 네
21 Dm Dm/F A Dm/F Gm Dm/F A Dm
주 의 말씀 영원한 빛이되어 나의삶을 인도 하 시 네
25 Dm Gm/B♭ A A/C♯ Gm/B♭ A
그빛따라걸어가 네 주 의이 름높이며찬양하 네
29 Dm Gm/B♭ A A/C♯ Gm/B♭ A/C♯ Dm
그빛따라달려가 네 주 의이 름높이며찬양 하 네

F

194 삶에 지쳐 고통스런

보호

작사 & 작곡 이순희
♩=90
Dm Gm/B♭ Dm Dm/F Gm A A/C♯
삶 에 지 쳐 고 통 스 런 나 의 영 혼 에
절 망 속 에 헤 매 일 때 나 를 붙 드 사
Dm Gm/B♭ Dm Dm/F Gm A Dm Dm/F
찾 아 오 신 사 랑 의 주 날 새 롭 게 하 시 네
위 로 하 고 치 료 하 여 내 게 소 망 주 시 네
A Gm A A/C♯
거 칠 고 험 한 길 을 나 홀 로 걸 어 갈 때 도
A Gm A A Gm A Dm
주 님 나 와 함 께 하 시 니 나 는 결 코 두 렵 지 않 네
Dm A/C♯ Dm Dm/F A Gm/B♭ A
주 님 의 크 신 능 력 나 를 감 싸 네 나 를 고 쳐 주 시 네
A Gm Dm/F A Gm A Dm
주 님 의 놀 라 운 사 랑 의 손 길 나 를 어 루 만 지 시 네
Dm Gm/B♭ Dm Dm/F Gm A A/C♯
주 의 손 길 닿 는 곳 에 평 안 넘 치 네
Dm Gm/B♭ Dm Gm/B♭ A A/C♯ Dm
주 의 손 길 닿 는 곳 에 기 쁨 넘 치 네

상처입은 마음을

작사 & 작곡 이순희
♩=76
상 처 입은마음 을 감 싸안으시는 주
주 의 위로의손 길 나 를감싸주시 네
주 님의사 랑 - 이 한 줄기빛이되 어
내 마음희 망의 빛 밝 게비춰주시 네
내 게로다가오 네 모든상처치유하 네
주 의밝 은 빛 모든어둠물리치 네
나 - 의모든 아픔과두려움 내게서떠나가 네
나 - 의영혼 참기쁨과평안 가득 채워지 네
주 님의은혜와사 랑 끝이없 네 한계가 없 네
주님의품 안에 서 자유하 네 기뻐춤 추 네
주 의 위로의손 길 나 를감싸주시 네
내 마음희 망의 빛 밝 게비춰주시 네

196 십자가에 능력있네

십자가

작사 & 작곡 이순희

♩= 90
십자가에 - 능력있네 - 주보혈에능력있네 -
오직주만 - 자랑하며 - 십자가만바라보네 -
십자가에 - 능력있네 - 내모든죄사하셨네 -
십자가의 - 그보혈이 - 나를정결케하셨네 -
Fine
십 자가의도 가 멸망하는자들에게 는
미 련한것이지 만 구원받는우리에게 는
하 나 님 의 능력이라 말 씀하 셨 네
세 상이나를 대 하 여 십자가에못 박히 고
내 가또한세상 을 대하여 십자가에못 박혔 네
D.C

어둠 속에 외로이

작사 & 작곡 이순희
♩=76
어 둠속에 외로이 홀로 서 - 있 을 때
슬 픔속에 외로이 홀로 눈물 흘 릴 때
따 - 뜻한 주님의 손길 느끼 게 하 시 네
사 랑의주 능력의 주님 함께 하 시 - 네
고난 속에서도 찬양 하리 주의사랑변치않 네
절망 속에서도 찬양 하리 주의사랑영원하 네
내 - 영혼 지쳐쓰러질때 주님내게힘이되시 네
내 - 영혼 지쳐쓰러질때 주님나와함께하시 네
고 통과슬픔속에 있는나 - 를 위로하여 주시 네
주 님의크신은혜 나를붙드사 새힘허락 하시 네
주 님나를 인도하 시니 두렵 지 않 네
주 의사랑 날붙드 시니 흔들 리지않 네

198 어둠 속에 있을 때

내적치유

작사 & 작곡 이순희
♩= 80
어둠속에있 을 때 주님빛을비추시 네
슬픔속에있 을 때 주님위로해주 시 네
마 음속의- 깊은상 처 주님치료해 주시 네
소 망없는- 나의맘 에 사랑가 득채우 시 네
주 의 빛이나와 함께하시니 나는 두렵 지않 네
주 의 빛이나와 함께하시니 나는 놀라 지 않 네
언제어 디서든- 내삶에 길을밝혀 나 를인 도하 시 네
언제어 디서든- 주의뜻 이루면서 주께영광돌 리 리

예수님의 발걸음이

작사 & 작곡 이순희

♩= 90
예 수 님의 발 걸 음 이 - 멈 추 는 곳 에
모 든 아 픔 사 라 지 고 - 평 안 넘 치 네
모 든 결 박 풀 어 지 고 - 자 유 케 되 네
고 난과역경속에 함께하시고 슬픔대신기쁨으로 나를채우네
수고하고무거운짐 벗어버리고 주 와함께동행하며 걸어가리라
오 사 랑 의 주 나 와 함 께 하 시 네
오 능 력 의 주 내 게 능 력 주 시 네
주 님 주 신 새 힘 으 로 - 복 음 전 하 리
주 님 주 신 능 력 으 로 - 열 매 맺 으 리

200 자비와 은혜로

사랑

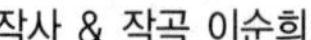

작사 & 작곡 이순희

♩= 74
Dm Dm/F Dm Dm/F A A/C♯
자 비 와 은 혜 로 우 리를감싸주시 고
사 랑 의 나 의 주 나 를변화시키시 네
5 Dm Dm/F Dm Gm/B♭ A/C♯ Dm Dm/F
우 리 의 삶 속 에 풍 성한축복주시 네
능 력 의 나 의 주 영 원토록찬양하 리
Fine
9 Gm A Dm/F Gm Dm/F A
그 놀라운 주의사랑이 우리의 인생길 인도하시네
13 Gm A Dm/F Gm Dm/F Gm A Dm
그 놀라운 주의사랑이 우리의 영혼육 치료하시네
D.C

201 하나님 사랑 이웃 사랑

사랑

작사 & 작곡 이순희

♩= 80
Dm Dm/F B♭maj7 A
하 나님 사 랑 이 웃 사 랑
5 Dm Dm/F Gm A Dm Dm/F
실 천하 라 말씀하 신 하 나 님
9 Amaj7 Amaj7/C♯ Gm/B♭ A
주 님 의 말 씀 따 라 살 아가게하소 서
13 Gm Dm/F Gm A Gm A A/C♯ Dm
이 웃 사 랑 실천하 며 열매맺게 하 소 서

은혜

죄 많은 내 영혼

202

작사 & 작곡 이순희

♩= 80
Dm Dm/F Gm A
죄 많은 내영 혼 깨 끗케씻어주신 주
Dm Dm/F Gm A Dm
나 를구 하시 려 십 자가를 지셨 네
Dm Gm/B♭ Dm Gm/B♭ A
어 둠속에서 도 빛 을비춰주시 네
Dm Gm/B♭ Dm Gm/B♭ A Dm
갈 길밝혀주시 니 결 코두렵지않 네
Dm Dm/F Gm A
한 없이크신사 랑 주 님이가득채우 네
Dm Dm/F Gm A Dm
나 의생명되신 주 영 원토록 찬양 해

F

203 죄에 끌려 향방없이

보혈

작사 & 작곡 이순희

♩= 76
Dm A/C♯ Dm Dm/F A A/C♯
죄에 끌려 향방없이 살아가던내 인 생
Dm A/C♯ Dm Dm/F A Dm Dm/F
깨우 시고 치료하 신 그리스도의 보 혈
Fine
A Gm A Gm A
그보 혈의 능력 이 나를 변화시키셨 네
A Gm A Gm A Dm Dm/F
그보 혈의 능력 이 나를 새롭게하셨 네
Gm Dm/F A Gm A
예 수 예 수 그이름만생각해 도
Gm Dm/F A Gm A A/C♯ Dm Dm/F
예 수 예 수 그이름만불러봐 도
Gm A Gm A Gm A
내눈에서하염없이 흐르는눈물 감격의눈물 기쁨 의눈 물
Gm A Gm A Gm A Dm
하나님이예비하신 놀라운축복 깨닫게되네 기뻐 춤 추 네
D.C

전도

주님의 사랑으로

204

작사 & 작곡 이순희
♩= 74
Dm A/C♯ Dm Dm/F Gm A A/C♯
주 님 의 사랑으 로 가 득채워주소 서
Dm A/C♯ Dm Dm/F A Dm Dm/F
주 님 의 능력으 로 가 득 채 워 주 소 서
Gm Gm/B♭ A Gm Dm/F A
넘 치는 주의 사랑으로 주 의 능력으 로
Gm Gm/B♭ A Gm Dm/F A A/C♯
내 마음에가득 채우시 니 나의영혼기뻐뛰 네
Dm A/C♯ Dm Dm/F Gm A
주 님 의 사랑과 능력 내 마음에채워 져
Dm A/C♯ Dm Dm/F A Dm
온 천하에 다니면서 복 음전하며사 네

F

205 주님 지신 십자가

십자가

작사 & 작곡 이순희

♩= 90
Dm Dm/F A Dm/F Dm Dm/F A
주 님 지신 - 십 자 가가 나 를살 렸 네
Dm Dm/F A Dm/F Dm A/C# Dm Dm/F
죄 와 사망 - 권 세 에서 자 유케 - 했 네
죄 와 사슬 - 끊 으 시고 자 유케 - 했 네
Fine
A Dm/F Gm Dm/F Gm A
그 은혜와 - 사랑안 에 나 거 하 리
A Dm/F Gm Dm/F Gm A
주 보혈의 - 능력으 로 내 죄 씻었으 니
Dm A Dm/F A Dm/F A
날 마 다 주의은 혜 감 사하 면 서
Dm A Dm/F A Dm/F A Dm
주 사 랑 전하면 서 복 음전 하 리
Dm Dm/F A Dm/F Dm Dm/F A
십 자 가의 - 사 랑 으로 날 구 원하셨으 니
Dm Dm/F A Dm/F Dm A/C# Dm
영 원 토록 - 주 의 이름 찬 양하 - 리 라
D.C

지치고 상한 나의 영혼 206

작사 & 작곡 이순희

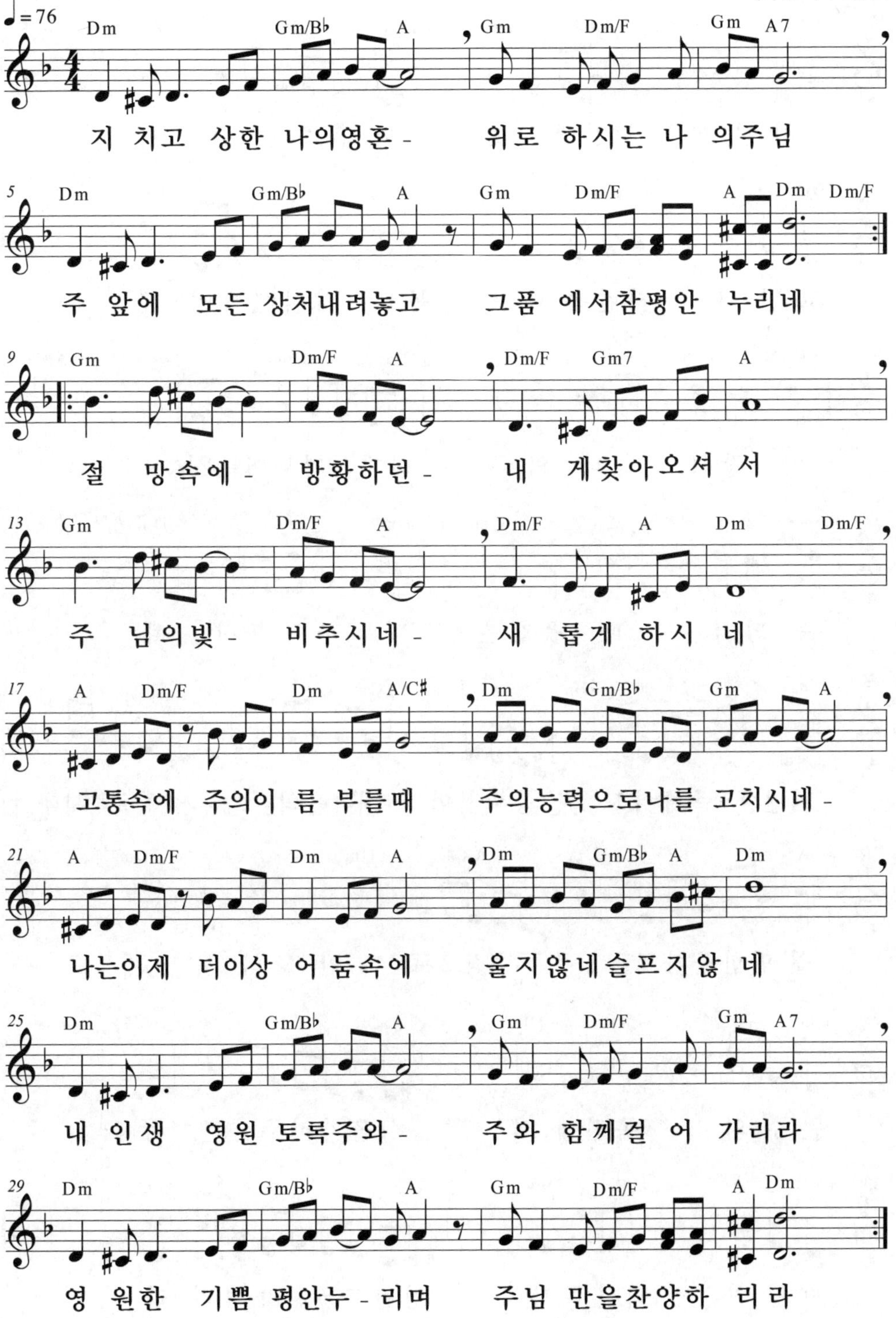

♩= 76

지 치고 상한 나의영혼 - 위로 하시는 나 의주님

주 앞에 모든 상처내려놓고 그품 에서참평안 누리네

절 망속에 - 방황하던 - 내 게찾아오셔 서

주 님의빛 - 비추시네 - 새 롭게 하시 네

고통속에 주의이 름 부를때 주의능력으로나를 고치시네 -

나는이제 더이상 어 둡속에 울지않네슬프지않 네

내 인생 영원 토록주와 - 주와 함께걸 어 가리라

영 원한 기쁨 평안누 - 리며 주님 만을찬양하 리라

207 캄캄한 인생길을

내적치유

작사 & 작곡 이순희
♩=76
캄캄한 인생길을 나 홀로걸어갈 때
고난과 시련속에 몸부림치며헤매일 때
사 랑의 나 의주 회개의영부어주시 네
주 님의 따 뜻한손 나 를이끄시 네
어떤환경속에서도 평 안주시며 내마음의깊은상처 치료하시네
쉴 만한물가로 푸 른초장으로 인 도하 시 네
원수의 목전에 서 상을차려주시는 주
피난처 되신주를 영원토록찬양하리 라

험한 길을 걸어갈 때

작사 & 작곡 이순희
♩= 90
험한 길을 걸어갈 때 주 님손 잡 고
삶의 모든 순간순 간 함 께하 시 는
힘들 때나 기쁠때 도 주 님안 에 서
우리 주의 품에안 겨 행 복꽃 피 네
Fine
찬 양하며 - 걷 는길에 행 복 꽃 피 네
감 사하며 - 나 아갈때 능 력 임 하 네
주님의사랑안에 기쁨샘솟고 믿음으로전진할때 소망넘치 네
어둠속에비추는 주의빛따라 캄 - 캄한세상속에 밝은빛 되어
주 님의 - 크신사 랑 널 리전 하 리
생 명걸고 주의복 음 전 하며 살 리
D.C

고난을 이길 힘 주신

믿음

작사 & 작곡 이순희

♩=90
G D/F# C/E D
고 난 을 이길힘주 신 사랑 의 나의주찬 양
5 G D/F# C/E D/F# 1.G 2.G
세 상 을 이길힘주 신 능력 의 나의주찬 양 양
11 G G/B C G/B D
참된 믿 음굳건한믿음 가지고 주 를따라가 면
16 G Am C D 1.G 2. G
주 님 의 밝은빛나 를 나의 삶 을인도하시 네 참된 네

고난을 통해 깨닫게

작사 & 작곡 이순희

♩= 86
G Am C G/D D/F♯ G
고 난을 통해 깨닫게하시는 주님을 찬 양 해
5
G Am C G/B G/E D/F♯ G
고 난속 에서 절망하지않고 감사하 기 원 해
9
G D/F♯ C/E C G/B Am D/F♯ D
하 나님이 허락하신고난을통 해 변화되길 원 하 네
13
G D/F♯ C/E C G/B Am D/F♯ G
하 나님이 허락하신고난을통 해 예수닮기 원 하 네
17
G Am G/B Am G/B C D D/F♯
깨어지고무너져 고운가루되어 제물되기 원하 네
21
G Am G/B C Am D G
깨어지고무너져 고운가루되어 열매맺기 원하 네

211 깨뜨리기 원하네

깨어짐

작사 & 작곡 이순희

♩= 86
깨뜨 리기 원하 네 우 리의 자아 를
깨뜨 리기 원하 네 우 리의 고집 을
자 아를깨 뜨 려 하나님의말씀에 순종하 고
고 집을깨 뜨 려 하나님의주권을 인정하 며
우 -리의 자존심을깨뜨려 하나님과연합하기 원 하 네
우 -리의 욕-심을깨뜨려 성결하게살아가기 원 하 네
자유 하기 원하 네 진 리안 에- 서
열매 맺기 원하 네 주 의사 랑으 로

나를 향한 뜨거운

작사 & 작곡 이순희
♩= 80
G C D Am D9 G
나 를 향 한 뜨 거 운 주 의 사 랑 때 문 에
G/B C Em Bm Em D 1.G 2.G
십 자 가 에 서 흘 리 신 뜨 거 운 주 의 보 혈 혈
Em D♯dim C/D Cmaj9 C G/B Am G/B C D
그 보 혈 이 내 모 든 죄 씻 어 주 셨 네
Em D♯dim C/D Cmaj9 C G/B Am D G G/B
그 보 혈 이 모 든 상 처 치 료 하 셨 네
C G/B Am C D D♯dim
주 홍 같 이 - 붉 은 죄 진 홍 같 이 붉 은 죄
Em G/D C G/B Am D G
흰 눈 같 이 - 양 털 같 이 희 게 하 여 주 셨 네
G C D Am D G
내 안 에 주 의 사 랑 끝 없 이 흘 러 넘 쳐
G/B C Em Bm Am D G
주 님 의 품 에 안 - 겨 참 된 안 식 누 리 네
G

213 나 어떤 시련과

믿음

작사 & 작곡 이순희

♩= 80
G C/A G/B Em C D G
나 어떤시련과 - 고통속에서도 방 황 하지않 네
나 험한세상속에 살아간다해도 놀 라 지 - 않 네
5 G C/A G/B Em Am D G
힘 들고어려운 - 길을걸어가도 두 - 려워하지않 네
세 상이흔들려도 나의믿음만은 결코흔들리지않 네
9 G Am G/B D C C/A D
주 님나를 붙드시네 - 내 게힘을주시 네
13 C G/B D Am D G
아 픈눈물 속에서도 - 내 게평안주시 네
17 G/B C Em Am Am/C D
믿음으로걸어갈 때 주님내게힘주시 네
21 G/B C Em Am D G
오직주만바라보 며 주의길을따라가 네

내적치유

나의 모든 아픔을

214

작사 & 작곡 이순희
♩ = 80
나 의모든 아 픔 을 치료하시는 주 님
어 둠속에 있는나 를 빛 으로인도하시 네
주 의은혜 나를감싸네 모 든 아픔치료 하 시 네
주 의사랑 나를감싸네 나 의 영혼평안 넘 치 네
내 마음에 희망의 빛 솟 아오 르 네
주 의성령 나의삶 을 인 도하 시 네

G

215 나의 영혼이 주의

찬양

작사 & 작곡 이순희
나 의영혼이 주의이름을 노 래 하 네
나 의영혼이 주의은혜를 찬 양 하 네
주 님의크신은 혜 내영혼에흘러넘 쳐
내 영혼사랑으 로 충만하게채워지 네
나 -어찌 그사랑 잊 으 리 요
나 -어찌 그은혜 잊 으 리 요
주의성령나를항 상 인도하시니 내영혼기뻐뛰며 노래하 네
주의성령나를항 상 인도하시니 오직주만찬양하 리
내 사랑나의 전부되신주 찬 양 하 네
이 생명다해 주만섬기리 주 만 높이 리

내 모든 욕심

작사 & 작곡 이순희
♩= 86
내 모든욕심 내려놓게하 소 서 주만따르 게 하소서
내 모든고집 내려놓게하 소 서 주뜻따르 게 하소서
오 직주만 바라보게하 소 서 주의길을 걷게하소서
내 마음을 정결하게하 소 서 이웃사랑 하게하소서
나를위해물과피 를 쏟으시고 죽기까지희생하신 십자가사랑
끝없는주님의크 신 사랑으로 서로서로사랑하며 살게하소서
내 마 음 주께드리니 주의사랑가득채워 주 소 서
내 마 음 주께드리니 주의능력가득채워 주 소 서

217 내 영을 깨우시는

은혜

작사 & 작곡 이순희

♩= 80
G G/B C D Em Am D
내 영을깨우시는 하 나 님 사 랑의하 나 님
5
G G/B C D G/B D/F♯ G
그 크신은혜나를 채우시 네 내 영혼채우시 네
9
G Am G/B C D G/B
주 님의 음성 을 내 가들을때 에
13
G Am G/B C D D/F♯ G
내 영혼 깨어 나 기 뻐춤을추 네
17
G C/E D D/F♯ C Am D D/F♯
사랑의하나님 나를일으키시네 주의사랑내맘에 넘 치 네
21
G C/E Am D/F♯ C Am D/F♯ G
영원히주님을 찬양하며살리라 영원토록찬양 하 리 라

맡김

내 영혼 주만 의지하네

218

작사 & 작곡 이순희

♩=72
G Am G/B Cmaj7 D G/B
내 영 혼주만의지하 네 주님의손날이끄시 네
G Am C D G/B Cmaj7 D 1.G 2.G
거 칠 고험한산도 두렵지않네 사랑의주함께하시 니 니
G Am G/B C G/B Am D
주님의빛 내게 비춰주시네 주의사랑나를 감싸주시네
G Am G/B C G/B D D/F♯ G G/B
세상유혹 내게 닥쳐온대도 주만의지하여 승리하 네
C G/B Am D G/B C Am D
내 모든삶 주께맡기리 영 원히 주만 따르리
C G/B Am D G/B C D D/F♯ G
주 의말씀 등불되시니 오 직주안에서 소망을찾 네
G Am G/B Cmaj7 D G/B
끝 없 는주님의-은 혜 그은혜로새롭게하 네
G Am C D G/B C D G
내 영 혼오직주만 바라보면서 천국향해달려나가 리

219

넉넉히 이기느니라

성경

(롬 8:35-39)

작사 & 작곡 이순희

♩= 90
넉 넉히 이기 느 니라- 넉 넉히이기느니 라
누가 우리를 그리스도의 사랑에서끊으리 요 환난이나
곤고 나박해나 기근이나적신이나 위험이나 칼이 랴
우 리가종일 주를위하여 죽 임을당하게되 며
도살당할양같이 여 김 을 받 았 나 이 다
그 러나모든일 에 우 리를사랑하시 는
주 님으로 인 해 우 리가넉넉히 이기느니라
내가확신하노니 사망이나생명이 나 천사들이 나
권세자들이나 현재일이나장래 일이나 능력이 나

37
G G/B C D G/B Am D/F# G Am G
높음이나 깊음이나 다른어떤피조물이라 도 우리를 우리주그리스도
41
Am D/F# G G/B Am D/F# G
예 수 안에있는 하나님의 사랑에서 끊을수 없으리 라

찬양

나의 입술이 오직 주만 220

작사 & 작곡 이순희

♩= 72

G C/E D/F# G D C D G/B
나의 입 술이 오직주 만 찬양하게 하소 서

5
G C/E D/F# G Am D/F# 1.G/B 2.G/B
나의 두 눈이 오직주 만 바라보게 하소 서 서

11
C G/B D D/F# G G/B
주 -님의 사랑으 로 나의영혼채우소 서

15
C G/B D G/B D D/F# G
주 -님의 능력으로 나를새롭게하소 서

19
G C/E D/F# G D/F# C/E D/F# G
날마 다 주를 찬양하 며 주께영광 돌리 리

24
G C/E D/F# G Am D/F# G
주의 크 신사랑 전-하 며 영원토록 찬양하 리

G

221 너희를 위하여 보물을

물질

(마 6:19-20,24 / 딤전 6:10)

작사 & 작곡 이순희

♩= 80
너 희를위하여 보 물 을 땅에쌓아두지말 라
거 기는좀과동록이 해하며 도둑이 구멍을뚫고도둑질 하느니라
오 직너희를 위 하 여 보물을 하늘에 쌓아두 라
거 기는좀과동록이 해하지못하며 도둑이 구멍을뚫고도둑질도 못하느니라
Fine.
하 나 님 과 재물 겸 하 여 섬기지 못하느니 라
하 나 님 과 세 상 겸 하 여 섬 길 수 없 느 니 라
돈 을 사 랑 함 이 일 만 악 의 뿌 리 가 되 나 니
이 것 을 탐 내 는 자 들 은 미혹을받아 믿음 에서떠 나
많 은 근 심 으 로 써 자 기 를 찔 렀 도 다
D.C

성경

마음의 눈 밝혀주소서 222

(엡 1:17–19)

작사 & 작곡 이순희

♩= 86

G D/F# Em G/B Am D/F# G

마 음의눈 밝혀주소서 하나님을알게하소 서

Fine.

5 G D/F# Am D C D D/F# G

우 리주 예수 그리 스도의 하 나 님

9 G Am G/B C G/B Am D D/F#

영 광의아버지께 서 지혜와 계 시의 영 을

13 G Am G/B D G/B

너 희에게주 사 하나님을알게하시 고

17 G Am G/B Am/C Bm Em Am D7sus

너 희마음의눈 을 밝히사 그의부르심의소망 이무엇이며

21 G Am G/B Am/C Bm Em Am D7

성도안에서 그 기업의영광의 풍성함이무엇이 며

25 G Am G/B Am/C D D/F# G

그의힘의위력으 로 역사하심을따 라 믿는우리에 게

29 G D/F# C/E G/D Am A/C# D D#°

베푸신 능력의 지극히 크심이 어 떠한 것 을

33 Em G/D C C/B G/B Am D/F# G

너 희 로 알게하시기를 구 하노 라

D.C

G

223 멈출 수 없는

찬양

작사 & 작곡 이순희
♩= 86
멈출 수 없는 주를 향한열정 내안 에가득한사랑의노 래
주님 께 드리는 이 마음다해 영원 히 주를찬양합니 다 다
Fine.
나의 삶속에 임하신 - 주 날 새롭게 하신 주 찬양
나의 인생길 인도하시는 사 랑의주 찬양 해
주의사랑안에 내가살리라 주의은혜안에 내가살리라
날마다주의길 걸어가면서 영원토록주를 찬양하리라
이 제내가살아 도 주 를위해살 고
이 제내가죽어 도 주 를위해죽 네
D.C

성경

모든 것을 배설물로

224

(빌 3:7–9)

작사 & 작곡 이순희

♩= 86

G G/B C D G

모든것을배설물로 여 기 네 배설물로 여기 네

5 G D/F# G Am G D/F# G

무 엇 이든지 내게유익하던것을 내가그리스도를 위하 여

9 G D/F# G Am G D/F# G

다 해로여길뿐더 러 또한모든것을 해로여김은내주 그리스도

13 G Am G/B D G/B

예 수를 아는 지 식 이 가장 고상하기 때문이 라

17 G G/B C D D/F# G G/B

내 가그 를 위하 여 모든것을잃어버리 고

21 C G/B C D C/E D/F#

배설물로여김은 그리스도를얻고 그안에서발견되 려 함이니

25 C D G/B D/F# G D/F# G

내가가진의는 율법에서난것이 아니 요 오직그 리스도 를

29 G D/F# G Am D/F#

믿음으로말미암은 것 이 니 곧 믿음으 로

33 G G/B C G/B G D/F# G

하나님께로 부터 난 의 라 모든것을배설물로 여기 네

G

225 모든 죄와 어둠 씻어주시는

보혈

작사 & 작곡 이순희
♩= 100
모든죄와어둠 씻어주시는 보 혈의 능 력
모든죄와어둠 씻어주시는 보 혈의 능 력
상 처와 아픔 속에서도 - 주보혈로새롭게되 네
주 님의 놀랍 고 크신사랑 내안에서흘러넘치 네
새로운희망과 평안주시는 주보혈에능력있 네
참된기쁨사랑 채워주시는 주보혈에능력있 네
십자가의보혈로 변화되었네 새 롭게 되었 네
십자가의보혈로 모든죄씻었네 자 유케 되었 네

임재

사랑의 하나님 이곳에

작사 & 작곡 이순희

♩= 90
G D/F♯ C/E D D/F♯
사 랑의하 나 님 이 곳에오 셔 서
능 력의하 나 님 이 곳에오 셔 서
5 G D/F♯ C/E D/F♯ G G/D
주 님의사 랑 을 나 타 - 내 소 서
주 님의능 력 을 나 타 - 내 소 서
9 G Am G/B D D/F♯
오 주 님 나의모든것 받 아주소 서
13 G Am G/B D D/F♯ G
오 주 님 오직주님만 찬 양하게하소 서
17 G D/F♯ G D/F♯ C/E D D/F♯
홀로영광받으소 서 영 광의왕 이시 여
21 G D/F♯ G D/F♯ C/E D/F♯ G
주의임재안 - 에 서 살 게 - 하 소 - 서

G

227 성령에 사로잡힌

기도

작사 & 작곡 이순희

♩= 86
성 령 에 사로잡 힌 기 도를 통 해
완 고 한 고집과 자아를 깨 뜨리 시 네
하 늘 문 열리는 역 - 사 일 어나 - 네
욕 심과 교만 자존심 을 깨 뜨리 실 때
성 령님 이 주도하시는 치 료와변 화가 일어나 네
성령충만으로 자아를 내려놓게 하여주시옵 소 서
뜨거운기도의 불을받아새사람이 되게하여주옵소 서
성 령 에 사로잡 힌 기 도를 통 해
정 결 한 영혼을 가지고 쓰 임받게하소 서

성령

성령의 불은 우리 속에 228

작사 & 작곡 이순희
♩=78
G G/B Am D/F# C/E G D/F#
성 령의 불은 우리속에 얼음처 럼 차가운마 음녹이는 불
성 령의 불은 우리속의 모든상 처 소멸시키는치료의 불
5 G G/B D C G/B D G
성 령의 불은 태우는불 우 리 의 모든죄를 태우는 불
성 령의 불은 무의식의 죄 성 을 태우시는 능력의 불
9 G Am D/F# G D/F# G C/E D D/F#
우 리의 심령을 녹 여 놀라운 주의사랑 깨닫게하 네
13 G Am D/F# G Am C D G G/B
우 리 의 죄성을 태 워 하나님 의 형 상회 복시키시 네
17 C D G/B C G/B D G/B
성령 의불은 번 지는 불 작은불꽃 하나가 온산태우듯
21 C D G/B C D D/F# G
성령의불을받은 한사람을통해 세상을변화 - 시키시 네

G

229 성령의 불이 붙은 인생

성령

작사 & 작곡 이순희
성 령 의불이붙은 인 생 거칠 고 험한세상돌파하 네
성 령 의인도받는 인 생 역동 적인삶을 살아가 네 성 네
성령의 불이붙은 인생 잠재력을 개발하여 생명력넘치는삶 살아가 네
주를위해 충성 봉사하며 하나님께 영광을돌리는삶 살아가 네
공허한인생 곤고한인생 소망없는 인 생
모두주께나와 성령불을받아 누리며살아가 세
성 령 의불이붙은 인 생 하나 님 예비하신축복받 네
성 령 의인도받는 인 생 열매 맺는삶을 살아가 네

사명

성령이 임하시면

230

작사 & 작곡 이순희
♩= 86
성령이 임하시면 권능을받네 능 력을 받 네
성령이 임하시면 예루살렘과 온 유대 와 사마리아 땅
끝까 지 - 내 증인되어 사람낚는어부되리 라
너희는온천하에 다니 며 만민에 게 복음을전파하 라
말 씀 하셨네 주 님의동역자되 어 살기원하 네
사 랑의 나의 주 내게성령부으소 서
성 령의 나의 주 나를사용하 - 소 서

G

231 성부 성자 성령

찬양

작사 & 작곡 이순희
♩= 86
성부성자성령 - 삼위일체하나님 소리높여찬양하 세
성부성자성령 - 삼위일체하나님 소리높여찬양하 세
성 부하 나 님 우 리를만드신 주
온 세상 을 창조 하신 능 력의 하나 님
성 자하 나 님 우 리를구원하신 주
우 리를 위 해 십 자가 모진고통당하신 주
성 령하 나 님 우 리를인도하신 주
우 리의 위로 자 되 신 은 혜의 하나 님
아 버지아들 성 령 님 한분이신하 나 님
우리모두함께 - 찬 양 해 함께높여드 리 세

세상을 이긴 이김은

작사 & 작곡 이순희

♩= 86
세상을이 긴이김 은 이것 이 니 우리 의 믿음이 라
참된믿음 가 지 고 세상 을 이 기며살아 가 세
세 상에서는 너희 가 환난 을당 하 나
담 대하라 내 가 세상을 이 기었 노 라
말 씀하신 주 님 의 명령 따 라 살- 아 감 -으 로
세 -상을 이 기 고 환경 을 이 기며살아 가 세

233 세상의 거칠고 험한 풍파

인도

작사 & 작곡 이순희
♩= 78
세 상의거칠고 험한풍파 - 몰 아쳐와 도
그 크신주님의 오른손이 - 나 를이끄시 네
Fine.
어 둠이내 앞길 가로막아도 주의빛이나를인도 하 시 네
거 칠고험한산길 걸어갈때도 주의성령나를인도 하 시 네
주의사랑나를감 싸안아주시고 두려움속에서도 용기주시네
고난속에주의평 안허락하시고 견고한믿음으로 세워주시네
내 모든걱정근심 내려놓 고 주만믿고바라보 네
내 모든삶을모두 주께맡 겨 주께영광돌 리 리
D.C

인도

슬픔과 고통 속에

작사 & 작곡 이순희

♩= 80

G C/E D/F♯ G D/F♯ Am D/F♯

슬 픔과고통속에 길을잃 고 이리저리헤매일때 에

5 G C/E D D/F♯ Am D G

사 랑의나의주님 찾아오셨네 나의갈길인도하시 네

9 G G/B D Am C D

내인생의운전대 주께드리네 나의생명주께드리 네

13 G Am G/B D Am D D/F♯ G

영 원한생명주신 주께드리네 내모든삶드 리 네

17 C D G/B Em7 Am D G

나의갈길주님께서 인도하시니 오직주만찬양하리 라

21 C D G/B Em7 Am D D/F♯ G

나의생명주님께서 지켜주시니 영원토록찬양하리 라

G

235 슬픔과 고통 속에서도

인도

작사 & 작곡 이순희

♩= 90
G G/B D D/F♯ G
슬픔 과 고통속에서 도 주의 사 랑날이끄시 네
모든 어 려움속에서 도 주의 능 력날이끄시 네
5
G G/B D 1. G 2. G
끝없 는 고난속에서 도 주의 뜻 을발견하리 라 네
내가 지 쳐쓰러질때 도 주의 손 길인도하시
11
C G/B C D
사 랑 의 나 의 주 나와동행하 시 네
15
C G/B C D G
능 력 의 나 의 주 나를인도하 시 네
19
Am D C D G
나의 길 을밝혀주시 네 슬픔 속 에기쁨주시 네
24
Am D C D G
그사 랑 이나를채우 네 힘주 시 네능력주시 네

성경

시기와 다툼이

(약 3:14-18)

작사 & 작곡 이순희
♩=90
시 기와다툼이 있는곳에는 혼란과모든악한일 있음이라
너희마음속에 독한시기와 다툼이 있 으 면
자랑하지말라 진리를거슬러 거짓말 하지말 라
이 런지혜는 위로부터 - 내려온것아 니 요
땅 위의것이요 정욕의것이요 귀신의것 이 니
시 기 와 다 툼 이 있 는곳 에 는
혼 란 과 모든악한일 있 음 이 라
오직위로부터난 지혜는 성결하고 화평하고관용하 고
양순하며선 - 한 열매가 가득하고 편견과거짓없나 니
화평하게하는자들 은 화평으로 심어 의의열매 거두느니라

G

237 아무것도 염려하지 말고

보호

(빌 4:6–7)

작사 & 작곡 이순희
♩= 80
아 무것도 염려 하 지 말고 - 다만 모든 일 에
기 도와간구로 너희 구할것을 - 감 사 함 으 로
하나님께아 뢰 라 그리하 면 모든 지각 에
뛰어 난 하나님의평 강 이 그리 스도예수안 에 서
너 희 마음과 생 각 을 지 키시 리 라
주님 지 - 켜주시네 - 나의 모든길 을지켜주시 네
나의 삶 - 의길에서 - 주님 나를인 도하여주시 네
주 님 지 켜주시 네 내가 어딜가 든함께하시 네
나 는 결코두렵지않 네 주님 나를 지켜 주시 니 니

사랑

어두운 밤에도

작사 & 작곡 이순희

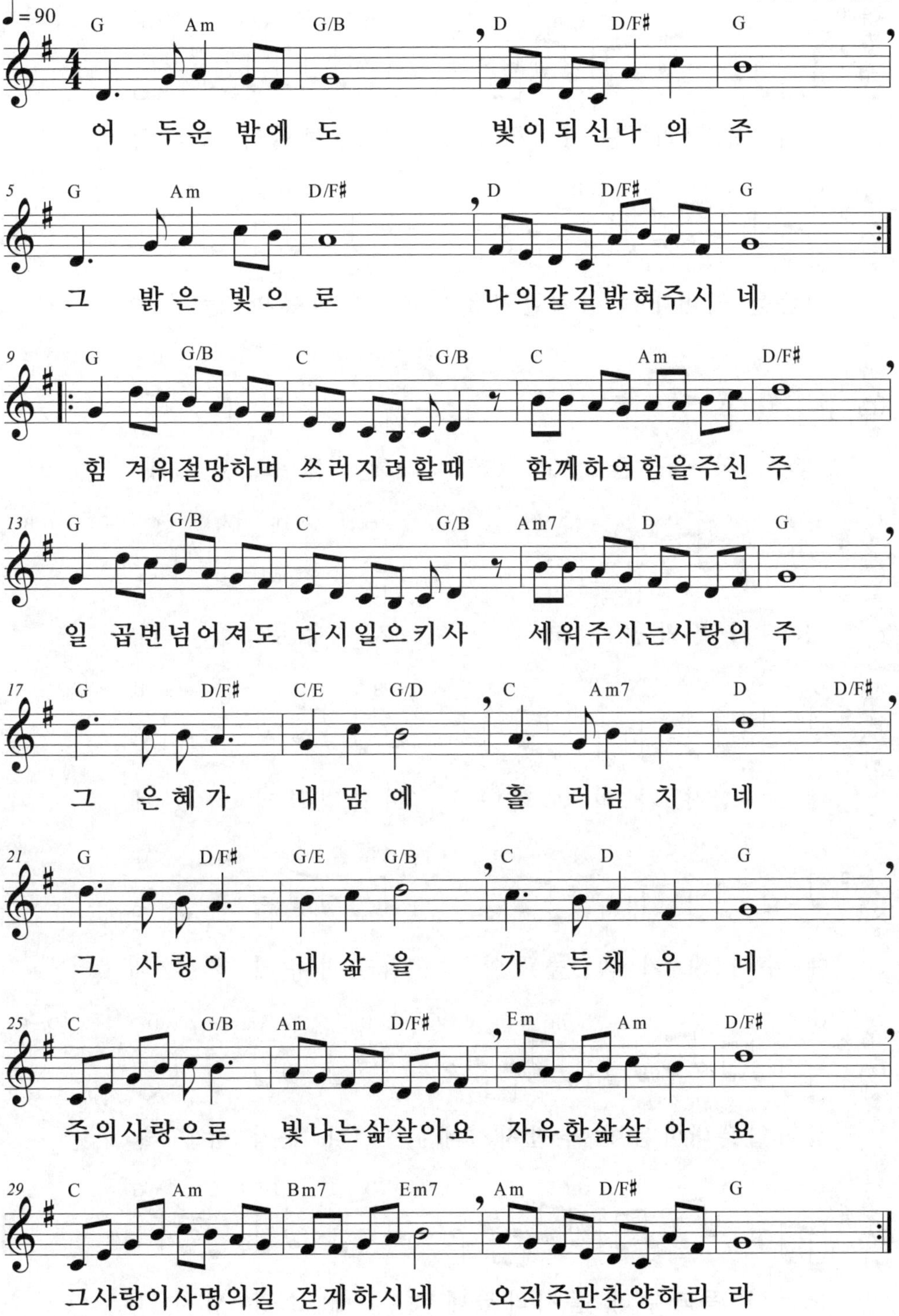

♩= 90

G Am G/B D D/F♯ G

어 두운 밤에 도 빛이되신나 의 주

5 G Am D/F♯ D D/F♯ G

그 밝은 빛으 로 나의갈길밝혀주시 네

9 G G/B C G/B C Am D/F♯

힘 겨워절망하며 쓰러지려할때 함께하여힘을주신 주

13 G G/B C G/B Am7 D G

일 곱번넘어져도 다시일으키사 세워주시는사랑의 주

17 G D/F♯ C/E G/D C Am7 D D/F♯

그 은혜가 내 맘 에 흘 러넘 치 네

21 G D/F♯ G/E G/B C D G

그 사랑이 내 삶 을 가 득채 우 네

25 C G/B Am D/F♯ Em Am D/F♯

주의사랑으로 빛나는삶살아요 자유한삶살 아 요

29 C Am Bm7 Em7 Am D/F♯ G

그사랑이사명의길 걷게하시네 오직주만찬양하리 라

239 어둠을 물리치는

영적전쟁

작사 & 작곡 이순희
♩= 80
G G/B D C D D/F♯
어둠을 물리치는 강력한능력 주보혈의 능 력
5 G G/B D D/F♯ G
어둠을 끊어내는 강력한치유 주보혈의 능 력
9 G Am G/B D D/F♯
죄 의사슬끊 고 해 방주 셨 네
13 G Am Cmaj7 D D/F♯ G G/B
상 처결박끊 고 자 유주 셨 네
17 D C D G/B D
예 수 십자 가 의 보혈이 나를정결케 하셨 네
21 D C D G/B D G
예 수 십자 가 의 능력이 나를자유케 하셨 네
25 G G/B D Am D D/F♯
상처입은내마음어 루만지시네 나 는자 유 해
29 G G/B D D/F♯ G
모든어 둠과두려 움사라졌네 새 소망 넘치 네

감사

여호와께 감사하라

240

(시 136:1-9)

작사 & 작곡 이순희

♩= 80
G C Am D Em Am D G
여호와께감사하라 그는선하시며 그인자하심이 영원함이로다
G C Am D Em Am G/B C D G
모든신에뛰어나신 하나님께감사 모든주에 뛰어나 신 하나님께
C G/B Am C D C D
홀로큰 기사를 행하시는이 에 게 감사하 라
C G/B Am C D G
지혜로 하늘을 지으신 이 에 게 감사하 라
G/B C D G/B Am C D G
땅을물위에펴신이에게 감사하 라 큰빛을지으신이에게 감사하 라
G/B C D G/B Am C D
해로낮을주관케하신 이에게감사 달과별들로밤을주관케 하신이에 게
G/B C D Em Am D G
감사하 라 그의인자하심이 영 원 함이로 다

G

241 영원토록 변함없는

사랑

작사 & 작곡 이순희

♩= 80
G G/E D Em7 C D
영 원토록 변함없 는 주 님의 - 사 랑
상 한마음 고치시 고 나 를세우시 네
G G/E D7 Em7 C D G
나 의모든 죄와상 처 치 료하 시 네
예 수님의 사랑으 로 품 어주 시 네
Em D/F# Am G/B C C/A D G F#°
쓰러지고넘어져 일어날힘없어도 주의손나를일으 키 시 네
Em D/F# Am G#/B C C/A D G
지금도문밖에서 문을두드리시네 마음문열어주를 모 시 네
G G/E D Em C D
내 안에서 일하시 는 주 님으로인 해
G G/E D Em C D G
세 상에서 줄수없 는 참 된평강누리 네

영원한 생명 주신

작사 & 작곡 이순희
♩= 80
영 원한 생명주 신 주를찬양하기원 해
내 삶을 주의빛으로 가득채워주 소 서
주 님께서 내게주 신 소망가득안 고 서
어 두워져 가는세 상 빛과소금되 리 라
천국을향해 달려가 는 나 의인 생 길
주님손잡고 달려가 니 기 쁨넘 치 네
험하고거친길도 두렵지않아 주님내손잡아주시 니
비바람몰아쳐도 걱정없어요 주님나와함께하시 니

243 예수님의 사랑의 빛

사랑

작사 & 작곡 이순희
♩= 86
G C/E D/F♯ G D/F♯ G
예 수님의 사랑의 빛 내 게비추시 니
G C/E D/F♯ G D/F♯ G G/B
모 든어둠 사라지 고 행 복차고넘치 네
C G/B C D D/F♯ G G/B
주 님의사랑의 빛 내 안에비추시 니
C G/B C D D/F♯ G
모든결박풀어지 고 진리안에자유하 네
G G/B D C D G/B
보 라 이전 것은지나갔네 새 것이되 었 네
G G/B D C D G
새 로 운 피 - 조물답게 - 살 기 원 하 네
G C/E D/F♯ G D/F♯ G
치 료의주 나의주 님 내영혼치료하 네
G C/E D/F♯ G D/F♯ G
능 력의주 나의주 님 내 게능력주시 네

말씀

욕심이 잉태한즉

244

(약 1:14–15)

작사 & 작곡 이순희
♩= 80
욕심이잉태한즉 죄를낳고 죄가장성한즉사망 을낳느니라
오직각사람이 시험을받는것은 자기욕심에끌려 미혹됨이니
욕심이잉태한즉 죄를낳고죄가장성 한즉 사망을 낳느니 라
아 무 리 채 워 도 채워 지지 않는 욕심버리고
흩 어 구제 하 여 도 더욱 부하게되는 일이있나니
과 도히아 - 껴 도 가난 하 게 될 뿐이라 말씀하 신
주 님의말씀 따 라 흩어 구 제 하며살기원하 네

G

245 우리가 낙심하지 아니하노니

성경

(고후 4:16-18)

작사 & 작곡 이순희
♩= 86
우 리가낙심하지 아니하노니 우리의 겉사람 은
낡아지 나 우리 의 속사람은 날로새로워 지도 다
우 리가잠시받는환 난 의 경 한 것 이
지 극히크고영원 한 영광의 중 한 것 을
우리에게이루게 함 이 니 우리가주목하는것 은
보이는것이 아 니 요 보 이지않는것이 니
보 이는것은잠깐 이 요 보이 지않는것은 영원 함 이 라

내적치유

우리의 마음을

작사 & 작곡 이순희

♩= 72
우 리 의 마음을 회 복 시키 시 는 성 령
우 리 의 마음에 부 흥 시키 시 는 성 령 령
1.G
2.G
마음의부흥은 인생의부흥 인생의부흥은 가정의부흥
가정의부흥은 교회의부흥 나라의부흥으로 이어진다네
상 처와 고난의 경 험 은 부흥을 위한도구 가 되 고
과 거의 실패는 부흥을위한 능력으로바 뀐다 네
과 거 의 수 치는 - 부 흥 위한 간 증 되 네
성 령 충 만받아 내 안에부 흥 의 불길타오르 네

G

247 우리 주 예수 그리스도의

성경

(엡 1:17–19)

작사 & 작곡 이순희

♩= 86
G D/F♯ G Am G/B D D/F♯
우 리주 예 수 그리 스 도 의 하 나 님
G D/F♯ G Am C D G G/B
영 광의 아버지께서 지혜와 계시의영 을
C D G/B C D
너 희에게주 사 하나님을알게하시 고
C D G/B C D G G/D
너 희마음의눈 을 밝히사 그 의부르심 의
G D/F♯ G C/E D D/F♯
소 망이무엇이 며 성 도안 에 서
G D/F♯ G C/E D/F♯ G G/B
그 기업의영광 의 풍성함이무엇이 며
C D G/B Am G Am D
믿는우리에게 베푸신능력의 지극히크 심 이
C D G/B Am G D/F♯ G
어떠한것 - 을 너희로알 - 게 하시기를구하노 라

성경

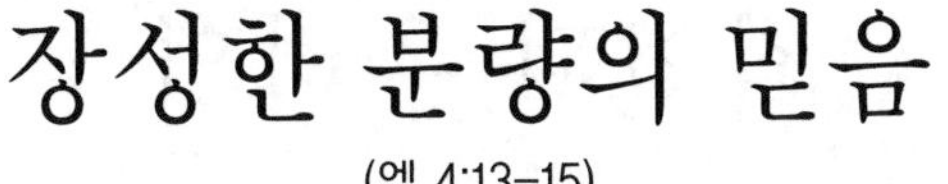

장성한 분량의 믿음

248

(엡 4:13–15)

작사 & 작곡 이순희

♩= 90

장 성한분량의 믿음가지라 믿 음가 지 라

Fine.

우 리가다 하나님의아들을 믿는것과아는일 에

하나가되어 온 전한사람을 이루어 그리스도 의

장 성한분량이 충만한 데까지 이 르 리 니

이 는 우리가 이제부터 - 어린아이가 되지 아니하 여

사 람의속임수와 간 사한 - 유혹에빠져 온갖 교훈에밀려

요 동 - 하지않게 하려함이라 오직사랑안 에 서

참 된것을 하여 범 사 에 그에게까지자랄지 라

그 는 머리니 곧 그리스도라 예수그리스 도 라

D.C

G

249 죄인된 우리의

십자가

작사 & 작곡 이순희
♩= 86
G D/F♯ G Am D/F♯ G
죄 인된 우리 의 모 든 것 을
G Am D/F♯ G C/E D/F♯ G
회 복시켜역전 시 키 는 십 자 가의능 력
G D/F♯ Am Am/C D D/F♯
우 리를위해 모진고난당하사 십자가에못박히신 주
G D/F♯ C/E D/F♯ G
우 리를위해 물과피를쏟으사 우릴구원하신주예 수
G Am D/F♯ G/E D/F♯ G Am C D D/F♯
우울을 기쁨으로 절망을 소망으로 패배가승 리 로
G Am D/F♯ G/E D/F♯ G Am D/F♯ G
고난을 축복으로 근심을 찬송으로 역전시키 셨 네
G Am G/B C D D/F♯
내인생의운전대 주께맡길때 모든걱정사라지네 기쁨넘치네
G Am G/B C D D/F♯ G
내인생의운전대 주께맡길때 모든결박풀어지네 자유케되네

사명

주님의 사랑으로 가득 250

작사 & 작곡 이순희
♩= 110
G D/F# G Am D D/F#
주님 의사랑 으 로 가 득찬 마 음
G D/F# G/E G/D C D G G/B
빠른 발걸음 으 로 주 를따 르 리
Am G/B C D C C/A D
주 와함께 걷는이길 - 고난의 길이지 만
Am G/B C D C/E D/F# G G/B
그 길만이 생명의길 - 축복의 길이라 네
C D C/E G/B C C/A G Am Dsus4 D
험한세상가운데 살아가지만 위의것을바라보며 살아가리
C D C/E G/B C C/A D/F# G
정욕과탐심모두 십자가에못박고 주위해헌신하며 살아가리
G D/F# G/E Am D D/F#
주님 의능력 으 로 가 득채워주시 네
G D/F# G/E G/D C D G
주의 복음전 하 며 열 매맺 으 리

G

251 주님의 사랑으로 나를

사랑

작사 & 작곡 이순희
♩= 86
주 님의사랑으 로 나를 새롭게하소 서
사 랑에빛진 자 되어 - 주의사랑전하게하소 서
성 결한마음으로 주를찬양하며 내 인생 맡기 네
아름다운마음으로 내주앞에나가 내 삶드 리 네
세 상의 유혹 속 에 도 주의말씀순종하며 살 겠 네
세 상의 환난 속 에 도 주의빛만따라가며 살 겠 네

사랑

주님의 사랑은 영원토록 252

작사 & 작곡 이순희
♩= 86
주 님의사랑은 영원 토록 변 하지 않 네
주 님의손길이 나의 모든 상 처치료하시 네
쓰 러지고 넘 어지고 일어 날힘 없어 도
우 리주의 오 른손이 나를일으켜세우시 네
지 -금도 문 밖에서 문 을두드리시 네
마 -음의 문 을열어 주 를모셔들이 네
지금도내안에서 일하 시는 주 님으로인 해
세상이줄수없고 알수 없는 참 된평강누리 네

G

253 주를 찬양하리

찬양

작사 & 작곡 이순희
♩= 96
주를찬양하리 주를찬양하리 주 의이름높이 리
나의마음다해 주께경배하리 오직주만사랑하 리
나 의삶을온전 히 주 께 드리며 찬양하 리
주 는나의구원 나의소 망 영원히변치않는사 랑
주 님은나의힘 나의노 래 영원토록주만따르 리
주 님을찬양하 리 영원토록 주의이름높 이 리
온맘다해나의 주를찬양하리 영 원토록찬양 해
이생명다해서 주를찬양하리 오직주만높 - 이 리

진리의 빛 비추시는

작사 & 작곡 이순희
♩= 86
G D/F♯ Em Bm G/C A/C♯ D
진 리의빛 비추시 는 예 수그리스 도
치 료의빛 비추시 는 예 수그리스 도
G D/F♯ Em Bm G/A D/F♯ G G/B
어 둠 - 과 거 - 짓 을 몰 아내어주시 네
상 처 - 와 아 - 픔 을 어 루만져주시 네
Fine.
A G/B C D
빛으로나아가는 자 마 다 회복의주만나게되 리
Dm G7 C G/B Am D D/F♯ G
빛되신주 - 님께 나아갈때에 죄와상처물러가 네
Em D/F♯ G Am Am/C D
오 나의주 님 내영혼에빛을비추 사
Em D/F♯ G Am C D G
오 나의주 님 내영혼강건케하소 서
D.C

255 하나님은 우리의 패배를

변화

작사 & 작곡 이순희
♩= 90
하 나님 은 우리의 패배를 승리로 바꾸시 고
우 -리 의 죽음을 생명으로 바꾸시는분이시 네
연 단을통 해 정결 케 하시는 사랑의 주
일 곱번넘어져 도 다시 일 어나게 하시는 주
고난을 유익으 로 회복시켜주 시 며
보석같은인 생 을 살아가게하 시 네
우리의실패는 실패가아니고 기회 라 네
주님을의지하고 성장할수있는 기회 라 네
숨 어있는죄 를 깨닫 고 회개할수있는 기 회
새 로운삶으 로 변화 될 수 있는축복 의 기회 라네

사랑

하나님의 크신 사랑 256

작사 & 작곡 이순희

♩= 78
G D/F# G/E D/F# C D D/F# G
하 나님의 크신사 랑 내 게임하시 네
G D/F# G/E D/F# Am D7 G
그 사랑의 손 - 길 이 나 를감싸시 네
G G/B C D D/F#
어 둠속에서도 주의빛받아 살 아가게하시 네
G G/B C D D/F# G
어 둠속에서도 주님손잡고 걸 어가게하시 네
G Am G/B C D D/F#
사 랑의주님 나를새롭게 변 화시켜주시 네
G Am G/B C D/F# G
그 사랑으로 내삶채우네 주와함께살게하시 네

G

257 한계에 매이지 않는

자유

작사 & 작곡 이순희
♩= 86
한 계에매이지않 는 성 령의 능 력
생 명으로인도하 는 십 자가 의 길
약 함을초월케하 는 성 령의 능 력
죄 와상처깨어지 는 십 자가 의 길
우 리 의 가장깊은곳 치 료하 시 네
우 리 의 이론을깨는 깨 어짐 의 길
우 리 의 가장약한곳 치 료하 시 네
온 인 류 구원하는길 십 자가 의 길
성 -령의 능-력이 나와함께하 시- 네
내 -영혼 깨어나네 십자가의길 걸을 때
성 -령의 능-력이 나를인도하 시- 네
내 -영혼 깨어나네 십자가의길 걸을 때
회 복의영권능의 영 역 사하-시 네
세 상의것내려놓 고 사 명감당하 네
참 된자유참된평 강 기 쁨넘 치 네
성 령의인도를받 아 천 국누 리 네

성경

환난이나 곤고나 258

(롬 8:35-39)

작사 & 작곡 이순희

♩= 86
환 난이나곤고 나 박해나 적신이나 위험이 나 칼 도
우 리를 그리 스 도의 사랑에서 끊을수 없 다 네
우 리가종일 주를위하여 죽 임을당하게되 며
도살당할양같이 여 김 을 받았나이다 함과 같으니 라
이 모든일에 우 리 를 사랑하시는 이로 말미암 아
우 리 가 넉 넉 히 이 기느 니 라
내가확신하 노 니 사망이나 생명이나천사들이 나
권세자들이나 현재일이나 장래 일이나 능력이 나
높음 이나 깊음이나 다른어 떤피조물도 우리 를
그리 스도안에있 는 하나님의사랑 에서 끊을수 없으리 라

G

259 그리스도 예수의 좋은 병사

사명

(딤후 2:1–4)

작사 & 작곡 이순희

♩= 100
그리스도 예수의 좋은병사 병사되길원 하 네
그리스도 예수의 좋은병사 자기생활에 얽매 이지않네
너 는그리스도 예수 안에서 강하고 담대하 라
네 가많은증인 앞에 서 내게들 은 바 를
충 성된사람들에 게 부탁하라 그 가
또 다른사람들을 가르칠수 있 으 리 라
너는그리 스도 예수의 좋은병사로 나 와 함 께고난을받으 라
병사로복 무하는 자는 자기생활에 얽매이는자가없나 니
이 는 병사로 모집한자를 기쁘게하려 함이 라

내게 주신 주의 은혜

작사 & 작곡 이순희
♩= 80
내 게주신 주의은 혜 넘쳐 흐 르 네
내 마음 에 풍요로 움 가득 안겨주시 네
영 원 한 사랑으 로 우 리를채우시 네
감 사 와 찬양으 로 주께영광돌 리 네
하 늘의별빛처 럼 크 신 주의은혜 가
밝 게 - 비춰지 니 내안의어둠물러가 네
하 늘의별빛처 럼 크신 주 의 은 혜 가
밝 게 비춰지 니 내안의 어 둠 물러 가 네
영 원하 신 주의은 혜 감사 하며찬양 해
삶 의모 든 순간마 다 감사 하며찬양 해

261 너희 안에 이 마음을

말씀

(빌 2:5-8)

작사 & 작곡 이순희

♩= 80
너 희안에 이마음을품 으 라 그리스도 예수의마음
그 는근본 하나님의본체시 나 하나님 과
동 등됨을 취할것으로 여기 지 아니하시 고
오 히려자기를비 워 종 의 형체를 가 지 사
사람들과같이되셨 고 사람의 모양으로나타나 사
자 기를낮추시고 죽기까 지 복 종하셨으 니
곧 십자가에죽으 심 이 라 주 의마음품으 라

찬양

마음 속에 흐르는 262

작사 & 작곡 이순희

♩= 80
마 음속에흐르 는 참 된기 쁨 은
마 음속에흐르 는 참 된평 강 은
세 - 상의기쁨 과 비 교할수없 - 네
세 - 상의평강 과 비 교할수없 - 네
주님이내게주신 참된기쁨 나는 결코빼앗기지아니 하리 라
주님이내게주신 참된평강 영원 토록누리며 살아 가리 라
마 음가득채워 진 만 족속에서 함께찬양해
마 음가득채워 진 행 복속에서 함께찬양해
만 족찾아헤매 는 세 상사 람 들
행 복찾아헤매 는 세 상사 람 들
우 리의모습보 고 주 께로 나오 네

A

263 모든 것을 합력하여

믿음

작사 & 작곡 이순희
♩=96
모든것을합력하여 선을이루시네 선 을이루시 네
예 수믿는 우리 에게 결 코우연이없 네
모 든것은 하나 님의 섭 리가운데있 네
하나님을사랑하는 자 주뜻대로부름받은 자
모든것을합력하 - 여 선을이루게 하시 네
인 생의모든순 간 주뜻대로이루시는 주
예수믿는우리에 게 능치못함이 없 네
우 리의 삶을 인도하시는 주 의놀라운계 획
고 난의 시간 속에서 - 도 놀 라운뜻이있 네

사명

모든 어둠 물리치고

(빌 3:13-14)

작사 & 작곡 이순희

♩= 90
A A/C♯ D A/C♯ Bm7 E/G♯
모든어둠물리치고 천국을향해 달 려나 가 리
A A/C♯ D A/C♯ Bm7 E A A/C♯
부르심의상을위해 푯대를향해 달 려나 가 리
Fine.
D E A/C♯ E A/C♯
뒤의것은잊어버리 고 앞 에있는것을잡으 려고-
D E E/G♯ A/C♯ D E E/G♯ A
푯 대를향하여 예수안에서 부르심의상을위해 달려나가리
E A/C♯ Bm E/G♯
세 상소망버리 고 하 늘의상을위 해
E A/C♯ Bm A/C♯ D E E/G♯ A
멈 추지않고 포기하지않고 달 려나 가 리
D.C.

A

265 복의 근원 하나님

기도

작사 & 작곡 이순희

♩= 90
복 의근원 하 나 님 능 력의근원 하 나 님
간 구하는 나의심령위에 충만한복부어주소 서
Fine
성 령 의 충 - 만한 복 을 받 아
환 경 을 초월 하 는 능 력 자 되 리
나의주여 믿음으 로 간구하오니 하늘문을열어주소 서
나의주여 믿음으 로 간구하오니 축복의문열어주소 서
정 결하고 깨 끗 한 내 마 음 속 의 그 릇 에
가 득차고 넘 치는복을 복을허락하여주소 서
D.C

사랑

부드럽고 온유하고

작사 & 작곡 이순희

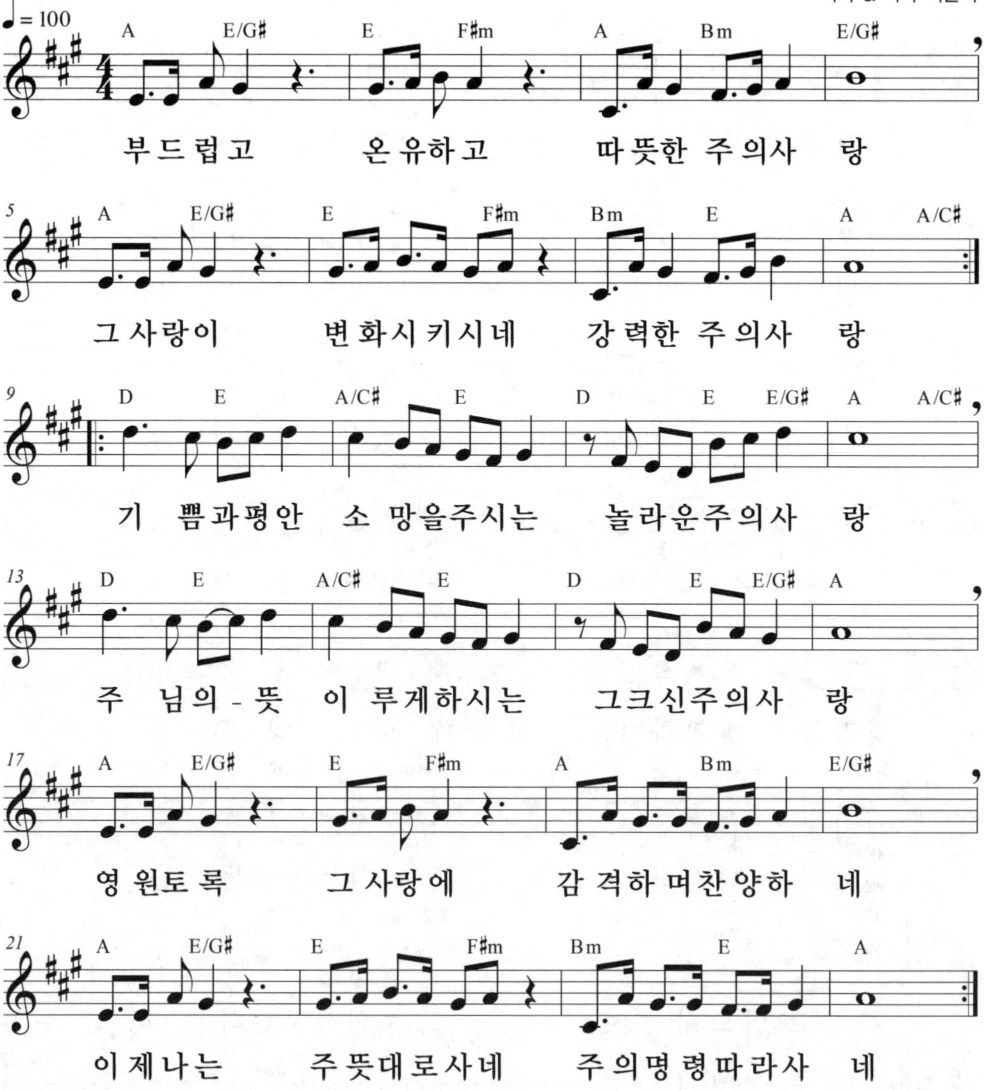

♩= 100

A E/G♯ E F♯m A Bm E/G♯

부드럽고 온유하고 따뜻한 주의사 랑

A E/G♯ E F♯m Bm E A A/C♯

그사랑이 변화시키시네 강력한 주의사 랑

D E A/C♯ E D E E/G♯ A A/C♯

기 쁨과평안 소 망을주시는 놀라운주의사 랑

D E A/C♯ E D E E/G♯ A

주 님의-뜻 이 루게하시는 그크신주의사 랑

A E/G♯ E F♯m A Bm E/G♯

영원토록 그사랑에 감격하며찬양하 네

A E/G♯ E F♯m Bm E A

이제나는 주뜻대로사네 주의명령따라사 네

267 사랑으로 맺어진

전도

작사 & 작곡 이순희
♩= 82
A Bm A/C♯ D E A
사랑 으로 맺 - 어진 형제자매 들이 여
A Bm A/C♯ D E A A/C♯
하나 - 된 마음 으로 주님의뜻 이루 세
Fine.
D E D E A/C♯ E E/G♯ A A/C♯
주 님의 명령따라 - 이웃사랑실천하 면
D E D E A/C♯ D E A
많 은영혼 기뻐뛰며 - 주님께로나아오 네
Bm7 E/G♯ A Bm E/G♯
갈길몰라 방황하 며 헤 매 이 는 영 혼 들
Bm7 E/G♯ A Bm E/G♯ A A/C♯
삶에지쳐 낙심하 며 쓰 러 져 있는영혼들 을
D E D A/C♯ E
주 께로인도하 여 주의사랑전하 리
D E D E A
우 리의손을펴 서 사랑의전달자되 리
A E/G♯ A Bm E/G♯ A
한영 혼이 주께돌아와 하나님을 찬양하 면
A E/G♯ A Bm E/G♯ A
우리 주님 기뻐하시네 천국잔치 벌어지 네
D.C

십자가

사랑의 능력

작사 & 작곡 이순희

♩= 90
A Bm7 E/G♯ D/F♯ E/G♯
사 랑의능력 치료의능력 구 원의능력 십 자 가
5 A Bm E/G♯ A D/F♯ E/G♯ A A/C♯
그 능력의주를 의지하여 복 음 전 하 리
Fine
9 D A/C♯ E A Bm E/G♯
십 자가를 의지하는자 죄와상처이 기 네
13 D A/C♯ E A/C♯ A E/G♯ A A/C♯
십 자가를 바라보는자 모든문제뛰어넘 네
17 E A/C♯ D E A/C♯ E E/G♯ A A/C♯
우리모두 십자가 로 무장하여 악한마귀물리치 세
21 E A/C♯ D E A/C♯ D E A
우리모두 십자가 로 무장하여 세상에 빛을발하 세
D.C.

A

269 서로 사랑하라

사랑

(요 13:34-35 / 요일 3:14-15)

작사 & 작곡 이순희

♩= 86
서 로 사랑하 라 서로 사 랑 하라 사랑하 라
내 가 너희를 사랑한것같이 너희도 서로 사랑 하라
너 희가 서로 사랑 하면 이로써 모든사람 이
너 희가 내제자 인줄 알리라- 제 자 인줄알리 라
우 리는 형제 를 사랑함으 로 사망에서 옮 겨
생 명으로들어 간 줄 을 알 거니 와
사랑하지아니하 는자는 사망 에 머물러있느니 라
그형제를미워하 는자마다- 살 인 하는자 니
살 인 하는자 마다 영 생이 그 속에거 하 지
아 니 하는것 을 너 희 가 아는 바 라

성경

서로 용서하라

(골 3:12-14)

작사 & 작곡 이순희
♩= 86
서로용서하라 용서하라 - 주가용서하신것처 럼
용서하지못하는 것 은 사탄에게속는것이 니
너 희는 하나님 이 택하사 거룩하고사랑받는 자 처 럼
긍 휼과 자비 와 겸손과 온유와 오래참음 을 옷입고
누 가누구에 게 불 만이있 거 든
서 로용납하 여 피 차 용서하 되
주께서 너희를 용서하신것 같이 너희도그리하 고
이 모든것위에 사랑을 더하라 이는온전하게 매는띠니라

A

271 성령의 능력으로 사는 자

성령

작사 & 작곡 이순희

♩= 90
성 령의능력으로 사 는자 능치못할일이없 네
성 령의능력으로 사 는자 주님예비하신축복받 네
성 령을 따라 행 하 면 육 체의일을행하 지 않 네
육 체의 일은 성 령 을 거 스르 지 만
성 령의일은 육 체 를 거 스르 기 에
성 령을따라 사 는 자 성 령의열매 맺 네
성 령의능력으로 사 는자 사랑희락화평인 내
자 비와양선충성 온 유와 절제의열 매 맺 으 며 사 네

세상을 밝히시는

작사 & 작곡 이순희

♩= 86
세 상을- 밝히시는- 주 의밝 은 빛
우리에게- 비 - 추사- 어둠을 물리치 네
주 의복음 전 하 라 온세상에전 하 라
온 갖좋은은사 와 온전한 선 물 이
다 위로부 터 빛들의 아버지께로부터 내려오나니
그 는 변함도 없으시 고 회전하는그림자도 없으시다네
하 늘에서 내려오는- 주 의은 혜 로
우 리삶에 기쁨주네- 희 망을 주 네
세상의모든어둠 물리치고- 사랑으로가득차게 하 시 네
놀라운주의사랑 찬양하면서 영원토록행복한길 걸어가리라

273 영원한 주님의 빛

말김

작사 & 작곡 이순희
♩=90
A Bm E/G# A Bm E E/G#
영원 한 주님의 빛 내마 음 을 비추 시 네
A Bm E/G# A E E/G# A
주님 의 말 - 씀 에 나의 삶 을 맡 기 네
D E E/G# A A/C# E/G# A A/C#
수고 하고 무거 운짐 모두 다내려놓 고
D E E/G# A A/C# E E/G# A
마음 의문 활짝 열어 주님 을모셔드리 네
A E/G# A A/C# E E/G# A
아 무것 도 염려하지말라 말 씀하신주 께
A E/G# A A/C# E E/G# A
모 든염 려 걱정근심모두 맡 겨드 렸 네
A Bm E/G# A B E E/G#
주님 의 크신평 강 내마 음 을 채우 시 네
A Bm E/G# A E/G# A
우리 의 생각과 마음지켜자 유 케 하 시 네

예수님의 시선이

작사 & 작곡 이순희
♩= 86
예수님의시선이 멈추는곳에 나의눈도멈추길 원 하 네
예수님의발길이 향하는곳에 나의발도향하길 원 하 네
예수님의사랑이 머무는곳에 나의삶도함께하길 원 하 네
예수님의손길이 닿 - 는곳에 나의손도함께하길 원 하 네
주 의은혜넘치 는 곳 에 나 언제나 거하길원 해
주 의축복임하 는 곳 에 나 언제나 거하길원 해
주의사랑내 안 에 흘러넘쳐 내영혼 충만하 네
주의평안내 안 에 흘러넘쳐 내영혼 자유하 네
주 님 의 능 력 나 를붙드시 네
내 모 든 삶 을 주 께드 리 리

275 예수 안에 있는 자

복음

작사 & 작곡 이순희
예 수안에있는 자 결 코우연이없 네
모 든것을합력하 여 선 을이루시는 주
주무시지도않고 졸 지도 않으 시 는 하 나 님
나를연단하여 훈련하고단련하 여 정금같이 만드시 네
오 사랑의 나 의 주 오 능력의나 의 주
나 와 함께 하 소 서 내 게 능력 주 소 서
예 수안에있는 자 결 코정죄함없 네
진 리의성령의 법 나 를해방시켰 네

우리가 다 하나님의

(엡 4:13-15)

작사 & 작곡 이순희

♩= 80
우 리가 다 하나 님의 아들을 믿는것 과
아 는일 에 하나가되어 온전한 사람을 이 루 어
그리스도의 장성한 분량이 충만한 데까지 이르리 니
이 는우리가 이제 부터 어린아이가 되지 아니하 여
사 람의속임수 와 간 사한유혹에빠 져
온 갖 교훈의 풍 조 에 요동하지않게하려 함 이 라
오 직사랑안에 서 참된것을 하여 - 범 사 에
그 에게까지 자랄지 라 그는머리니 곧 그리스도라

277 우리 모두 주님의

전도

작사 & 작곡 이순희

♩= 80
우 리 모두 주님의사랑으로 많은영혼주께로 인도 하세
우 리 모두 주사랑나타내며 많은영혼주께로 인도 하세
주 의복음 전 하 라 온세상에전 하 라
만 민에게 복 음 을 전파하라하 신 주
주 님의명령따 라 믿음으로주의사랑 나타내 세
하나님의크신사 랑 온세상에나타내 리
내 가 가장 사랑하는자에게 베풀어줄가장큰 선물 복음
주 의 복음 받아들인영혼들 주께돌아와 기뻐 춤을 추네

찬양

우리 모두 함께 모여

278

작사 & 작곡 이순희
♩=90
우리모두함께모여 주를찬양해 우리모두함께모여 주를경배해
Fine.
행 복의찬양소리 울려퍼지니 세상의 어둠권세 두려워떠네
행 복의찬양소리 울려퍼지니 많은영혼주 께로 돌아오 네
우 리주 님 우 리 와 함 께하 셔 서
우 리의 모 든 문 제 해 결하 시 네
우 리주님우리 와 함 께하 셔 서
넉 넉하게주의 뜻 이루게하 시 네
주 와 함 께 영원토록행복한길 걸어가 리
우 리 모 두 영원토록기쁨으로 찬양하 리
D.C

A

279 우리에겐 구름같이

사명

(히 12:1-2)

작사 & 작곡 이순희

♩=90
A E/G# A E/G# D/F# A E/G#
우 리 에 겐 구 름 같 이 둘 러 싼 허 다 한 증 인 들 이 있 으 니
A E/G# A E/G# A Bm E/G# A A/C#
모 든 무 거 운 것 과 얽 매 이 기 쉬 운 죄 를 벗 어 버 리 고
D A/C# E D E E/G# A A/C#
인 내 로 써 우 리 에 게 당 한 경 주 를 하 며
D A/C# E D E E/G# A
믿 음 의 주 요 온 전 케 하 시 는 주 만 바 라 보 네
A Bm A/C# D Bm E/G#
우 리 예 수 님 기 쁨 을 위 하 여 십 자 가 를 참 으 사
A Bm A/C# D E E/G# A
하 나 님 보 좌 우 편 에 앉 으 셨 느 니 라

성령

우리 주의 성령

작사 & 작곡 이순희

♩= 90

A E/G# E A/C# Bm E/G# A

우리주의성령 내게임하시니 기쁘뛰며춤 추며 찬양 하네

5 A E/G# E A/C# Bm7 E/G# A

우리주의성령 내게임하시니 온천하에다 니며 복음전하네

9 A E/G# D/F# A E/G# A

세상 염려 걱정 근심모두사라지 네 주의영임하 니

13 A E/G# D/F# A E/G# A A/C#

미움 다툼 시기 질투 모두사라지 네 주의영임하 니

17 D E A/C# E D E A A/C#

주 님주신 참된평 강 내안에서흘러넘치 네

21 D E A/C# E D E A

주 님주신 참된기 쁨 내안에서흘러넘치 네

281 으쌰 으쌰 영혼들을

사랑

작사 & 작곡 이순희

♩= 90
A E/G♯ A E E/G♯
으쌰 으쌰 - 영혼들을위해- 달 려나 가 리
A E/G♯ A E/G♯ A
으쌰 으쌰 - 주님나라위해- 달 려나 가 리
A E/G♯ A Bm7 E/G♯
사 랑의나 의 주 새 힘주 시 네
A E/G♯ A Bm7 E/G♯ A A/C♯
능 력의나 의 주 기 쁨주 시 네
D A/C♯ E E/G♯ A Bm7 E/G♯ A A/C♯
복음듣고깨달은 영혼 들 회개하고돌아오 네
D A/C♯ E E/G♯ A Bm7 E/G♯ A
복음듣고살아난 영혼 들 기쁘뛰며춤을추 네
A E/G♯ A E/G♯ A 3 E/G♯
주 님기 뻐 - 기 뻐하 - 시 네 - 살 아난 영혼들 을
A E/G♯ A E/G♯ A
주 님기 뻐 - 춤을추 - 시 네 - 천 국잔치하시 네

이기기를 다투는 자

작사 & 작곡 이순희
♩= 90
이 기 기 를 다투는 자 모든것을절제하 네
많 은 사 람 달릴지라도 오직한사람만상을받 네
세 상사 람 들 썩을승리 자의관을찾 지 만
우 리는 썩지 아니할것을 얻 고자하 노 라
우 -리의 마 음 에 열 정의불을지펴 서
전 -심으로 달려가 리 면 류관받기위하 여
고 난 속에도 멈추지않네 소망안에기뻐하 네
썩 지 않 는 면류관위해 주님앞에달려나가 리

283 주님을 닮기 원하네

말씀

(벧후 1:5-7)

작사 & 작곡 이순희

♩=76
Fine.
주 님을닮기원하 네 장성한 분량의 믿음갖기 원 하 네
너 희가 더욱힘 써 너희 믿음에 덕 을
덕 에지식을 지식에 절제를 절제에 인 내 를
인내에경건을 경건에형제우애를 형제우애에사랑 을더하라
사랑은 이웃에 게 악을행하 지 않 나 니
그 러므로사랑 은 율 법의완 성 이 니 라
주 님닮기원하 네 주 님의사랑닮기 원 하 네
하 나님을아는것 에 하나되어 온전한사랑을 이루기원하 네
D.C

주님 주신 사명 향해

작사 & 작곡 이순희
♩=90
A Bm E/G# Bm Bm/D E/G#
주님주신사명향해 달려나가리 부르심의상을향 해
5 A Bm E/G# Bm E A
주님주신사명향해 달려나가리 푯 대를향 하 여
9 A E/G# F#m A/C# D E E/G#
세 상모든 민족에 게 복 음전 하 리
13 A E/G# F#m A/C# D E A
온 세상의 만민에 게 복 음전 하 리
17 A Bm A/C# D E E/G# A
지친영혼병든영 혼 기뻐하며 주께로 돌아오 네
21 A Bm A/C# D E E/G# A
삶을포기했던영 혼 소망품고 주께로 돌아오 네
25 A Bm A/C# A Bm E/G#
많 은 사람 주께돌아오니 하늘나라확장되 네
29 A Bm A/C# A E/G# A
우 리 주님 기뻐춤추시네 천국잔치벌어지 네

285 # 주 안에서 사랑으로

전도

작사 & 작곡 이순희
주 안에서 사랑으로 맺어진 형제자매 들이 여
예 수님의 명령따 라 이웃사랑실천하며 함께가 세
험 -한세상 살아가 다 낙 심하 여
쓰 -러져 있는영혼들을 주님께로인도하 여
조건없는사랑으 로 품고가 세 서로서 로
사랑하며많은영 혼 주님께 로 인도하 세
우 리모두 빛을발하여 주 의사 랑
나 타내며 세 상 을 변 화시 키 세

동행

주의 사랑 주의 은혜

작사 & 작곡 이순희
♩= 90
A E/G♯ A E/G♯ A Bm E/G♯
주 의사랑 주의은혜 내삶속에흘러넘치 네
5
A E/G♯ A E/G♯ A E/G♯ A A/C♯
주 의평강 주의기쁨 내맘속에흘러넘치 네
9
D E A/C♯ Bm D E
사랑 의하 나 님 내 마음에빛을주시 네
13
D E A/C♯ Bm E A
능력 의하 나 님 모 든어 둠물리치시 네
17
A E/G♯ F♯m Bm E D Bm E/G♯
천국향해달려가는 나의 발걸음 주님께서인도하시 네
21
A E/G♯ F♯m Bm E Bm7 E/G♯ A
험한길을지날때도 함께 하시니 나는두려움 없다 네

A

287 주의 은혜의 강을

은혜

작사 & 작곡 이순희
♩=90
주 의은혜의 강을 따라 흐 르는 물결처 럼
우 리마음을 정결 하게 하 여주 옵 - 소 서
은 혜의 강물 로 나를깨끗케 하소 서
은 혜의 강물 로 나를새롭게 하소 서
길이요진리요 생명되신 주님의 명령따라 살기원하네
길이요진리요 생명되신 주님의뜻이루며 살기원하네
사 - 랑의 나 의 주 나를 정결케하시 네
능 - 력의 나 의 주 나를 새롭게하시 네

치료의 빛

작사 & 작곡 이순희
♩= 80
A E/G# A Bm6 E/G#
치료의빛 - 치료의광선 내게 비춰 주소 서
5 A E/G# A Bm E/G# A
주의손길 - 주의 능력 내게 임하 소 서
9 A Bm7 E/G# A D A/C# E
주 님의은혜로 사랑으 로 내 영 혼새롭게하소 서
13 A Bm7 E/G# A D E/G# A A/C#
주 님의기쁨과 평안으 로 내 영 혼가득채우소 서
17 D E A/C# D E D E
주 님의 크신 은혜 나와함께하 시 네
21 D E A/C# D E E/G# A
고 난의 터널 에서 나를건져주 시 네
25 A Bm A/C# D/F# F#m7 F#m7/E
주 님의치료의 빛 내 영 혼치료하시 네
29 A/D E A/F# Bm7 E/G# A
주 님의크신능 력 나와함께하 시 네

A

289 하나님이여 나를 살피사

성경

(시 139:23-24 / 시 51:10-12)

작사 & 작곡 이순희

♩= 80
하 나님이여 나를살피사 내마음을아 시 며
나 를시험하 사 내 뜻을 아 옵 소 서
내 게 무슨 악한행위가 있 나보 시 고
나 를 영원한길로 인 도하 소 서
하나님이여 내속에 정한마음 을 창조하 시 고
내안에정직한 영 을 새 롭게하 소 서
나를주앞에서 쫓 아내지마시며 주 의성령을내게서거 두지마소서
주 의구원의 즐거움을내게 회복시켜주 시 고
자 원하는심령 을 주사 나를 붙 드 소 서

할렐루야 찬양하세

작사 & 작곡 이순희

♩= 100
A Bm A/C# D E E/G#
할렐루야 - 찬 양하세 예수님이부활하셨 네
A Bm A/C# D E E/G# A A/C#
할렐루야 - 찬 양하세 예수다시살아나셨 네
D A/C# F#m Bm E/G# A A/C#
부 활의 아 침 환한빛이 우리영혼비추시 네
D A/C# F#m Bm E/G# A
죽 음이 기 신 사랑의주 새생명을주 셨 네
A Bm A/C# D E C#m Bm E
할렐루야 - 영원한생명 허락하신주를찬양 해
A Bm A/C# D E E/G# A
할렐루야 - 부활하신주 영원토록찬양하리 라

291 가난한 심령에 꽃을 피워

찬양

작사 & 작곡 이순희
♩= 74
가 난한심 령에 꽃을 피워 사 랑의노래부르 리
어 둠을뚫 고 비추 는빛 회개의노래울려퍼지 네
어 두운 - 밤 내마음의주의빛 비 추어주 시 면
회 개의노래 부 - 르며주님을 주인 으로모 시 네
죄를회개 하는맘 담아부르는노래 주님의귀에들려 응답하시네
약속의말 씀잡고 주님께나아가네 새로운삶을허락 하여주시네
내 영혼참 만족 얻게 되네 주 님의놀라운능력 이
나 를감싸 자유 케 - 하네 주 님의사 랑찬양 해

고난의 터널 속에

작사 & 작곡 이순희

♩= 78
고난 의터널속 에 갇 혀버 린 나
상처 와외로움의 기억들로 가 득차 있 네
어둠 의터널속 에 갇혀버린내마음속 엔
아픔 과고통스런 기억들로 가 득차 있 네
내 안에멈추지않 는 아 픔의기억들 은
내안에서하염없 이 흐 르는눈물이되 어
고 통의강을이루 네 나의영혼병들게하 네
사 랑의 나의주 나의 영 혼 깨우 시 네
하염없이흐르는 나의눈물은 회개의눈물되어 승리케하네
하염없이흐르는 나의눈물은 기쁨의눈물되어 자유케하네
A

293

고난 중에도 기뻐

승리

작사 & 작곡 이순희
♩= 74
고난 중 에도 기뻐할수 있는 믿 음주신 주
품 -에 안-겨서 참된 안 식누리 네
보배 되 신주 내마음의 질그릇 에 모셔들이 니 (고난)
치료 의 주님 나를고쳐 주시니 주 찬양하리 라
Fine
사 방으로우겨쌈 을당하여도 쌓 이지 않 네
답 답하고막막한 일 당하여도 낙 심하지않 네
박 해를받 아 도 버 린바되지않 네
거 꾸러뜨림을 당하 여도 망 하지 않 네
환난 이와도 핍박 이와도 나는 두렵지않 네
모진 바람이 불어와내앞 길 막 는다 해 도 (주의)
D.C

고통과 환난 중에도

작사 & 작곡 이순희
♩= 74
F♯m C♯/F Bm/D C♯
고통과 환난 중에도 나는두렵지않네
C♯/F F♯m C♯/F F♯m C♯/F F♯m C♯/F 1. F♯m 2. F♯m /A
환난은 인내를인내는 연단을 연단은 소망을이루게하네 네
Bm F♯m/A Bm C♯ C♯/F F♯m F♯m/A
주님을 내안에 모시고 있기에
Bm F♯m/A C♯ F♯m/A Bm C♯
거센바람 불고폭풍이 몰아쳐와도
C♯ Bm C♯ C♯/F F♯m C♯/F
나는결코두렵지않네 나는결코놀라지않네
C♯ Bm C♯ C♯/F F♯m C♯/F F♯m F♯m/A
내안에계신사랑의주 이미이겨놓으셨 - 네
Bm F♯m/A C♯ C♯/F Bm/D C♯
주님을 믿음으로 나는요동치않네
Bm F♯m/A C♯ C♯/F F♯m
주님을 의지함으로 나는자유하네

A

295 그 어떤 시련과

내적치유

작사 & 작곡 이순희
♩= 78
F#m D Bdim C#
그 -어떤 시련과 고 난속에서 도
F#m G#dim/B A G#m7♭5 C#7♭9 F#m
힘 -들고 고통스런- 환 경속에서 도
F#m D Bm G#dim Bm C#
내 -앞길 가로막혀 막 막할 때에 도
D C#/F F#m G#dim/B C#7♭9 F#m
더 -이상 살아나갈- 힘 이없을때에 도
C# F#m G#dim C#/F C#7♭9 C#7♭9/F F#m
주 님내게- 빛이되시네 나의길을밝히시 네
C# F#m G#dim C#/F C#7♭9 C#7♭9/F D C#/F F#m
주 님내게- 새힘주시네 고난의터널에서 날건지 시네
F#m D Bdim C#
주 -님은 나의힘 나 의생명되시 니
F#m A/C# G#dim/B F#m Bm/D C# F#m
나 -는두렵 지 -않네- 주 만의지하 네

보혈

나의 모든 죄를

296

작사 & 작곡 이순희
♩= 78
F♯m Bm/D C♯ Bm C♯ C♯/F
나 의모든죄를 씻어주시는 보 혈의 능 력
나 의모든병을 고쳐주시는 보 혈의 능 력
5
F♯m Bm/D C♯ Bm C♯ F♯m F♯m/A
나 의모든상처 씻어주시는 보 혈의 능 력
나 의모든아픔 치유하시는 보 혈의 능 력
9
Bm F♯m/A C♯ C♯/F Bm/D C♯
깨끗하게 정결하 게 나의마음새롭게 해
13
Bm F♯m/A C♯ C♯/F D C♯/F F♯m F♯m/A
주보혈의 크신능 력 나를자유케하시 네
17
C♯ Bm7 F♯m/A Bm7 G♯m7♭5 C♯
그 사랑 이 나의모든문제 해 결하 시 네
21
C♯ Bm7 F♯m/A G♯m7♭5 C♯7♭9 F♯m F♯m/A
그 사랑 이 나의모든결박 풀 어주 시 네
25
Bm F♯m/A G♯m7♭5 C♯7♭5 F♯m/A Bm C♯
주 보혈의 능 력 이 내게생명 주 시 네
29
Bm F♯m/A G♯m7♭5 C♯7♭5 D C♯/F F♯m
주 보혈의 능 력 이 내게평안 주 시 네

297 내가 생각하건데

성경

(고전 4:9 / 고후 1:8-9)

작사 & 작곡 이순희

♩= 78
내 가 생 각 하 건 데 하 나 님이 사 도 인 우리를
죽 이 기로작정 된 자같이 끄트 머 리 에 두셨으 매
우 리는세계 곧 천사와 사람에게 구경 거리가 되었노 라
형제들아우 리가 아시아에서 당한 일을 너희가 모르기 를
원 하지아니하노 니 힘에겹도 록 심한고난 을 당하여
살 소망까지 - 끊어지 고 우리는 우리자신 이
사 형 선 고 를 받은줄 알았으 니 이는우리 로
자기를 의지하지 말고 하나님만 의지하게하심이 라

성경

너희가 육신대로 살면 298

(롬 8:13–14 / 고전 2:14)

작사 & 작곡 이순희

♩= 86

F#m C#/F F#m F#m/A C# Bm/D C# C#/F

너 희가 육신대로살면 반 드시죽을것이로 되

5 F#m C#/F F#m C#/F F#m F#m/A

영 으로써 몸의행실을 죽 이면살 리 니

9 Bm F#m/A C#7 C#7/F F#m F#m/A Bm C#

무 릇 하나님의 인도함을 받 는사 람 은 곧하나 님 의 아들이라

13 Bm F#m/A C#7 C#7/F F#m C#/F F#m F#m/A

육에속한사 - 람은 하나님의 성령의일 들 을받지아니 하나 니

17 Bm C# F#m/A Bm F#m/A C# Bm C#

이 는 그 것들이 그에게는 어리석게 보임이요 또 그는그것들을

알수도없나니 그러한일은영적으로 분별되 기매문이 라

A

299 누구나 한 번 왔다

동행

작사 & 작곡 이순희
♩= 80
누 구나 한번 왔 다 한번 가 는인 생 길
내 생각 따라 가 면 고난 의 길이 지 만
내 힘으로가려 하 면 실패 와 좌절 뿐이 네
예 수님과함께 가 면 결코 두 렵지 않아 요
우 리가걷는이 길 고 난의길이지 만
주 님과함께하 면 행복하게갈수있 네
우 -리가 행한모든선 한 일 주 님이 갚아주시네
이 -땅에 사는날-동 안 에 힘든일도 많이 있지만
주님을 주인으로 모신내영혼 그어디나천국이 네
주님과 함께하는 나의인생길 그어디나천국이 네

내적치유

삶의 의미를 잃어버리고 300

작사 & 작곡 이순희
♩= 78
삶 의 의미 를 잃 어 버 리 고
텅 빈 마 음 을 부 둥 켜 안 고
외 롭고 슬퍼 하 염없이 눈 물흘 릴 때
예 수님 내곁 에 계셔서 위 로해 주 시 네
내 아픔감싸주시 네 텅 빈 마 음 채워주시네
외 롭고슬픈마음 을 기 쁨으로 채워주 시 네
나 - 이제 외롭지않아 슬 프지 않 아
주 - 님이 함께하시니 나 는만 족 해

301 상처 가득한 마음 부여잡고

내적치유

작사 & 작곡 이순희
상 처가득한 마음부여잡고 주님 의전에나왔 네
어 찌할수없는 이아픔속에서 내영 혼몸부림칠 때
주님의 놀라운 사 랑 내게임하 여 치료 하시 네
회개의 문열어 기도하게하시네 주 만바라보게 하 시 네
아픔과고통속에 있던나 - 를 따뜻한 손길로어 루만지시네
슬픔과외로움에 갇힌나에게 다가와 참 - 소망 허락하 시네
내 영혼 깊은곳 에 기 쁨과평강넘치 네
상 처에 매이지않네 주님의뜻이루며 사 네

세상에 묶여 헤매이던

304

작사 & 작곡 이순희
세 상에 묶 여 헤매이 던 나의마 음
자 존심에 사로잡혀 고통중 에 살던내영 혼
주 님을만 난 후 새 롭게변화되었 네
이전것은지나갔 네 보 라 새것되었 네
세상욕심 다버리고 자존심 버 리 고
내생각을 내려놓고 주의말씀따라사 네
주의빛을따라가 며 주 의손놓지않으 리
주의빛을따라가 며 세 상에빛을비추 리
주 사랑 널 리 전파하 며 주뜻이루 리
내 모든삶 주님께 내어드리 며 빛을발하 리

305 슬픔과 아픔 속에서도

사랑

작사 & 작곡 이순희
♩=78
슬 픔과 아픔 속에서 도 주의사랑나를이끄시 네
눈물속에 희망을 슬픔속 에 기쁨 을주시는나의 주
고 통의순간마 다 나와함께 하 시는나 의 주
주 님의사 랑 이 주의능력 이 나를채우시 네
그 크신 사랑 이 내 삶을 새롭게 하 시 네
그 크신 사랑 이 내 길을 밝 - 혀 주 시 네
조건없는 주의사 랑 내마음에 가득 채우시 네
한량없는 주의능 력 내마음에 가득 채우시 네
세 상의유혹속에 도 오직주만 의지하며달려나가 리
세 상위험한파도 속 에 도 주를향해달려나가 리

어둠 속에 간혀버린

작사 & 작곡 이순희

♩= 78
어 둠속에간혀버 린 나 의발 걸 음
잊 혀진 - 꿈 - 속 에 간 혀버린마 음
과 거의그림자 가 뒤 덮인 삶
회 개의문을열 어 나 아가 네
눈물로쓴노래 바람에실려 길잃은 마음다시 찾아가는길
성령의바람으로 날아올라 죄를 회개하는마음담 아놓은노래
빛 을향해나아가 자 새 로운 시 작
빛 을향해나아가 자 주 를향 하 여

307 어둠으로 가득했던

내적치유

작사 & 작곡 이순희

♩= 78

F♯m C♯/F F♯m Bm/D C♯ C♯/F

어 -둠으로 가득했던- 나 의 삶 에

5 F♯m C♯/F F♯m C♯/F F♯m

사 -랑의 나의주님- 치 료 의광선비추 네

9 F♯m C♯/F F♯m F♯m/A Bm C♯ C♯/F

상 처를치유하 고 새 힘주 시 네

13 F♯m C♯/F F♯m F♯m/A Bm C♯ C♯/F

내 영혼깨어나 네 기 뻐춤 추 네

17 F♯m C♯/F F♯m C♯/F

넘 치는 주 님의 사 랑 을 받 아

21 F♯m C♯/F F♯m C♯/F F♯m

행 복하고 복 된삶 살 아 가 리 라

어둠이 깊은 고난의 밤이

작사 & 작곡 이순희

어둠이 깊은 고난의밤이 나를짓눌러
갈길을 찾지못해 방황할때 주님찾아오셨네
고난중에도 노래하게 하시는 하나님
내게로오라 말씀하시네 위로하시네
결코내손을 놓지 않으시는사랑의 주
결코나-를 버려두지 않으시는사랑의 주
지금도빛으로 다가오셔서 모든어둠물리치시네
주님의오른손이 나를붙들어 내-마음치료하시네
어둠을밝히 시는치료의 나의주 찬양해
내삶을 인도하 시는능력의 나의주 찬양해

309 예수 십자가의 사랑이

십자가

작사 & 작곡 이순희
♩= 84
예수 십 자가의 사랑 이 우리 를 정결케하 네
예수 십 자가의 능력 이 우리 를 자유 케하 네 네
우 리위해물과 피 쏟으 신 주 님의사 랑
죽 기까지사랑하 신 주님 의 끝없는 은 혜
주의사랑으로 우 리 도 서 로 사랑하 면
우리삶을통해 세 상 에 사랑 의꽃활짝피 네
우리 모 두십자 가 의 사랑 에 빚진자되 어
서로 서 로사랑 하 며 주님 의 복음전하 세

내적치유

우리 영혼에 깊이

310

작사 & 작곡 이순희
♩= 84
F♯m Bm/D C♯7 F♯m/A C♯ C♯/F
우리 영혼에 깊이숨겨진 해결되지못한상처 는
F♯m Bm/D C♯7 F♯m/A C♯ F♯m
끊임 없이 우리안에서 우리인생을조종하 네
F♯m Bm/D C♯ Bm7 F♯m/A Bm C♯
상 처를통해 자기연민에 빠져 소극적인삶을 살아가 고
F♯m Bm/D C♯ F♯m/A C♯ C♯/F F♯m F♯m/A
상 처에갇혀 또 상처받을까 두려워하는삶을 살아가 네
Bm F♯m/A Bm C♯ Bm C♯
상 처로 굳어진마음 이기심에사로잡혀 깨닫지못하네
Bm F♯m/A Bm C♯ C♯/F F♯m
상 처로 굳어진마음 하나님의 뜻을 깨닫지못하네
F♯m Bm/D C♯7 F♯m/A C♯ C♯/F
십자 가보혈 의지하여상처를 치료받고하나님 의
F♯m Bm/D C♯7 F♯m/A Bm C♯ F♯m
동역 자로 쓰임받기원하네 성령의 인도받 아

A

311 육신의 정욕대로

회개

작사 & 작곡 이순희
♩= 78
육 신의정욕대 로 살 아 가던나의헛 된 삶
참 된 행복찾 아 내 모 든열정 바쳐왔던 삶
눈 앞의 쾌락 에 빠 져 순 간의기쁨위해 달려왔던나
눈 앞의 욕망 에 빠 져 순 간의만족위해 달려왔던나
가 슴속에 불길처럼타오르 던 정 욕을따 라
달 려가던 나의삶속에 찾아오신나 의 주
나 의 모든정욕 을 모 두 내려놓게하 시 고
오 직 주 - 님 만 바 라 보게하여주 시 네

죄를 짓는 자는

(요일 3:8-9 / 요일 5:18)

작사 & 작곡 이순희
♩= 74
죄를짓는자는 마귀에게속하나니 마 귀는처음부터 범죄함이라
하나님의아들이 나타나신것은 마 귀의일을멸하려하심이 라
하나님께로부 터 난 자마다 죄 를짓지 아니하나 니
이 는 하나님의씨가 그의속에거함이 요
그 도범죄하지 못하는것은 하나님께로부터났음이 라
하나님께로부터난자 는 다 범죄하지 아니하는줄 우리가아노라
하 나님께로부터 나신자 가 그 를지키시 매
악 한자가 그 를 만지지도 못 하느 니 라

313 주님을 알지 못해

내적치유

작사 & 작곡 이순희
♩= 84
주 님 을 알 지 못 해 방 황 하 던 나 의 지 난 날
주 님 을 알 지 못 해 헤 매 이 던 나 의 지 난 날
이 제 와 돌 아 보 니 고 통 과 허 무 함 뿐 이 네
헛 된 세 상 에 빠 져 걷 잡 을 수 없 는 외 로 움 이 밀 려 올 때
주 님 의 음 성 내 게 들 리 네 사 랑 한 다 말 씀 하 시 네
걷 잡 을 수 없 는 고 통 속 에 서 따 뜻 한 주 의 손 길 느 끼 네
나 를 부 르 시 는 그 사 랑 의 목 소 리 나 를 만 지 시 는 따 뜻 한 손 길
나 의 마 음 채 우 시 네 위 로 하 시 네 주 의 품 에 안 겨 평 안 누 리 네

보호

주님의 날개 그늘 아래

314

작사 & 작곡 이순희

♩= 78
주 님의날개 그 - 늘아래 편히쉬게 하소 서
세 상의어떤 시련이와도 주사랑날 지키 네
어 둠속에서 도주사랑 나를 감싸 주소 서
모 든걱정내 려놓 - 고 주님 만의 지하 리
주 - 님의 따뜻한 손 나 를이끄시 네
어 - 둠속 환난중에도 빛 을비추시 네
세 상 끝날까 지 주 의손놓지않으 리
영 원한 생명의길 주 와함께걷 네

A

315 주님의 사랑이

내적치유

작사 & 작곡 이순희
♩= 74
주 님 의 사 랑 이 나 를감싸시 네
주 님 의 능 력 이 나 를치료하시 네
상 처를치료하 며 새 로운희망주시 네
고 통을지나서 새 로운삶을 맞이하게하 시 네
주 님의 놀라 운 사 랑을 노래하 네
주 님의 놀라 운 치 료 의손길느끼 네
상처를치료하 는 그사랑에감사하 네
어둠과고통을 이기게 하신주 께 감사하 네
상 처 를 씻어주 신 사 랑의나의주 님
새 로 운 생명주 신 하 나님을찬양 해

주를 믿는다 고백하는

작사 & 작곡 이순희

♩= 80
F♯m C♯/F F♯m C♯/F
주를 믿는 다 고 백 하는 많 은사 람 들
5 F♯m C♯/F F♯m C♯/F F♯m F♯m/A
깨닫 지못 해 육 적 인삶 살 아가고있 네
9 Bm F♯m/A Bm F♯m/A G♯° C♯
자 기의에 도취 되어 헌 신 하 면 서
13 Bm F♯m/A Bm F♯m/A G♯° C♯/F F♯m
참 된믿음 소유 한줄 착 각 하며 사 네
17 F♯m Bm/D F♯m C♯/F Bm/D C♯ C♯/F
아 - 안타까운 - 영 혼들 이 여
21 F♯m Bm/D F♯m C♯/F Bm/D C♯ F♯m F♯m/A
아 - 우리주님 - 탄 식하 시 네
25 Bm7 C♯/F F♯m C♯/F F♯m F♯m/A
스스로믿음을 확증해보라 믿 는자는 어떤 상 황속에도
29 Bm7 C♯ C♯/F F♯m C♯/F
해를받지않는다 네 모든사람과 더불 어
33 F♯m C♯/F F♯m Bm/D C♯ C♯/F
거룩함과화평함 따르지않으면 주를볼수없다하시 네
37 F♯m C♯/F F♯m Bm/D C♯ C♯/F F♯m
우리모두말씀의 빛을받아참된 믿음으로열매맺으 리

317 채워도 채워도

내적치유

작사 & 작곡 이순희

♩= 78
채워도 채워도 채워지지않는- 텅 빈나의마 음
주님의 크신사랑 내안에채우소서 위 로하-소 서
나 의영혼붙 드 사 주뜻대로살게하소 서
주 님의사랑 안 에 참된평안얻게하소 서
흔 들리지않는 믿음으로- 주를경배하게하소 서
나 의믿음반석 위에세워- 정 금같게하소 서
어떤시련속에서 도 흔들리지 않도록 나를잡아 주 소 서
나의영 혼성령으 로 가득채워 주뜻대로살게하소 서
오 사랑의 주 텅빈마음채우시 네
오 능력의 주 참만족을주 시 네

성경

하늘문 열고

318

(고전 2:9-10)

작사 & 작곡 이순희

♩= 86
F#m F#m/A C# F#m/A C# Bm C#
하 늘 문 열고 축복하리라 사 랑과 기 쁨을 채워주리라
5
F#m F#m/A C# Bm C# C#/F F#m F#m/A
하 늘문열 리는 축복받으라 주님주신축복받으 라
9
Bm F#m/A Bm F#m/A Bm C#7
하나님이 자기를사랑하 는자들을위하여 예 비하신모든축 복
13
Bm F#m/A C# F#m/A Bm F#m/A Bm C#
눈으로보지못하고 귀 로듣 지못하고 사 람의 마음으 로
17
Bm C# F#m/A C# F#m F#m/A
생 각하 지 도 못하였다함 과같으니 라
21
Bm C# C#/F F#m F#m/A Bm C#
오직하나님이 성령으 로 이것을우리에게 보 이셨 으 니
25
Bm C# C#/F F#m F#m/A Bm C# F#m
성령은 모든것 하나님의 깊은것까 지 통달하시니 라
29
F#m F#m/A C# F#m/A Bm C#
하 나 님 이 예비하신복 성 령 님 이 알게하시네
33
Bm Bm/D C#
축 복 하 시 네
37
Bm C# C#/F F#m Bm/D C# C#/F F#m
하나님을사랑하는 자 들에게 예비하신 축복받으 리

A

319 회개의 눈물로 적신

내적치유

작사 & 작곡 이순희
♩=78
회 개의 - 눈물 로 적신길 위에 주의빛 임 하 고
새 로운생명으 로 나를채 우신 주를 찬 양 하 네
감 사의 눈물 로 적신길 위에 주의 능 력임하네
주 의명 령따 라 이생명 다해 주의 복 음전하리
Fine.
거 룩한길 시 온의대로가 내 안에펼쳐지 네
그 길따라 내 영혼깊은곳 에 다다르 니
사 랑의주 거 기 서 나 를맞이하시 네
능 력의주 거 기 서 내 게능력주시 네
하나님 의사랑이 내심장에흐르고 생수의 강 흘러 넘 치 네
메마른 나의영혼 소망의물결넘쳐 새로운 삶 살게 하 시 네
D.C

믿음

고난 중에도

320

작사 & 작곡 이순희
♩= 86
고난 중 에도 기뻐할수 있는 믿 음주심에감 사
보배 되 - 신 나의주를 질그 릇 에모셔들이 니
어떤 상 황속에서 도 해를 받지 않 네
환난 이 와도 - 핍박 이 와도 - 나는 두 렵지 않 네
모 진 바람 이 불어와 내 앞길막는다해 도
주 의 품 - 에 안겨서 참 된안식 누리 네
기적 의 하나님 치료의하 나님 찬 양하며살리 라
능력 의 하나님 생명다해 주의 복 음전하며사 네

B

321 너는 알지 못하였느냐

성경

(사 40:28-31)

작사 & 작곡 이순희

♩=90
너는 알 지못하였느 냐 듣지 못 하였느 냐
영원 하 신하나님 여호와 땅끝까 지 창조하신이 는
피곤하지않으시 며 곤 비치않으시 며
명 철이한이없으시 며 피 곤한자에게 는
능력을 주시며 무능한자에게는 힘을더하시나 니
소 년 이라 도 피곤하며곤비하 며
장 정 이라 도 넘어지며쓰러지 되
오직 여호와를 앙망하는자는 새 힘을얻으리 니
독수 리가날개 치며올 라감 같 을것 이 요

38
B♭ B♭/D E♭ F
달음 박 질하 여 도 곤비 하 지아니하겠 고
43
B♭ B♭/D E♭ F F/A B♭
걸어 가 도피곤하지 아니하리로다 여호와를앙망하 라

322 놀라운 주의 사랑

사랑

작사 & 작곡 이순희

♩= 100
B♭ Dm/A E♭/G Cm/E♭ F F/A
놀 라운 주의사 랑 우 리를감 싸 니
5
B♭ Dm/A E♭/G Cm/E♭ F7 B♭
넘 치는 은 - 혜 로 우리영혼채 우 네
9
B♭ F/A B♭ F/A B♭
내 잔 이 넘 치 네 주의사랑가 득 해
13
B♭ F/A E♭/G F/A B♭
사 랑 으로 모든것 을 이 길수 있 네
17
B♭ Dm/A E♭/G Cm/E♭ F F/A
빛진자된 심정으 로 복 음 - 전 하 리
21
B♭ Dm/A E♭/G Cm/E♭ F B♭
이웃사랑 실천하 며 살 아 - 가 리 라

모든 죄를 몰아내는

작사 & 작곡 이순희
♩=96
B♭ F/A B♭ Cm E♭ F F/A
모 든죄를 몰아 내는 영적전쟁에서승리하 세
5 B♭ F/A E♭/G B♭ Cm F/A B♭
상 처의결박 제압하는싸움 영적싸움이 라 네
9 B♭ F/A Cm F/A E♭/G B♭
우 리모두 죄와싸우기를 피흘리기까지하 여
13 B♭ F/A Cm F/A E♭/G B♭ F/A B♭ B♭/D
죄 를이기고 자신을이기고 세상을이기는삶 살아가세
17 F B♭/D F Cm/E♭ F F/A B♭ B♭/D
전 신 갑주입고 주보혈의지하여 어둠의권세이기 세
21 F B♭/D F Cm/E♭ F F/A B♭
강 한 죄의세력 모두다제압하여 넉넉히승리하 - 세
25 B♭ F/A B♭ Cm E♭ F F/A
나 는이제 기뻐 하네 승리하신주와함 께
29 B♭ F/A B♭ Cm E♭ F B♭
승 리하며 살아 가네 진리안에자유하 네

324 # 무더운 여름날에

기도

작사 & 작곡 이순희
♩=90
무 더 운 여름날 에 시원 한 생수같 이
주님 의 마-음 을 시원하게 하기원하 네 네
오 직 주 의사랑만 이 나를변화시키시 네
오 직 주 의능력만 이 나를치료하-시 네
나 -의모든 생각 주님께 내어드리 니
하 -나님의 크신 사랑으로채워주소 서
나 의 모 든-마 음 주님 께 내어드리 니
주님 의 마음으 로 열매 맺게 하여주소 서

성령

성령의 기름부음

325

작사 & 작곡 이순희
♩= 86
성 령 의 기름부음통 해 영혼이 강건해지 면
결핍 있 어도 만족 이 기 네 문제있어도 능히 이 기 네
성 령의능력으 로 육의고난초월하 고
통 찰력과 용기 로 넉넉히승리하 - 네
성 령이여 기름부으소서 치료의광선비추소 서
영 혼의질병 치료하 시고 건강한삶살게하소 서
끝이 없 는주님의은 혜 그은혜로새롭게하 네
나의 영 혼오직주만 바라보면서 천국향해달려나가 리

B

326 아버지께 참되게

예배

(요 4:23-24)

작사 & 작곡 이순희

♩= 86
Bb Cm Dm Eb F Bb/D
아 버 지께 참 되 게 예 배하는자들 은
5 Bb Cm Dm Eb F F/A Bb Bb/D
영 과 진리로 예 배 할 때 가오 나 니
9 F Bb/D Cm7 F7 Eb F Bb/D
곧 이 때 라 아 버 지 께 서는 자 기 에 게
13 F Bb/D Cm F7 Eb F Bb
이 렇 게 예 배 하 는 자 찾 으 시 느 니 라
17 Bb Cm Bb/D Eb F Eb Bb/D Cm7 F
하나님은영이시 니 예배하는자가 영과진리로예배 할 지니라
21 Bb Cm Bb/D Eb F Eb Eb/F F Bb
우리모두온맘다 해 예배하여주를 찬양하세주를높 여 드리세

예수 안에 있는 우리 영혼 327

작사 & 작곡 이순희

♩= 100

B♭ F/A E♭/G B♭ Cm F/A E♭/G F

예수 안에있는 우리 영혼 행복넘치네 기쁨넘치네
나의 주와함께 영원 토록 살아가리라 영 - 원토록

5 B♭ F/A E♭/G B♭ Cm F/A E♭/G F/A B♭ *Fine*

예수 안에있는 우리 영혼 사랑넘치네 평강넘치네
사랑 의나의주 찬양 하며 생 - 명다해 복음전하리

9 F B♭/D Cm F/A

행 복의 노래 가 울 려 퍼 지 네

13 B♭ F/A Cm F/A B♭

주 님의 은혜 가 우 릴 채 우 네

17 B♭ B♭/D Cm/E♭ F Cm F/A

기쁨의탄성이 하늘에울려 많은영혼주께로 돌아 오네

21 B♭ B♭/D Cm/E♭ F Cm B♭/D F F/A B♭ *D.C*

참된행복오직 주안에있네 행복찾아주안에서 살아가네

328 오늘은 가장 기쁜 성탄절

성탄

작사 & 작곡 이순희

♩= 100
B♭ B♭/D F E♭/G F/A B♭ F/A
오 늘은가장기쁜 성 탄 절 주 님 오신날 메리 크리스마스
5 B♭ B♭/D F E♭ E♭/C F F/A B♭
오 늘은가장기쁜 성 탄 절 주님내게오신날 메리크리스마스
9 B♭ F/A B♭/G F/A Cm C/E F F/A
하 늘영광 버리시 고 이 땅에오신예수 님
13 B♭ F/A B♭/G Cm/E♭ Cm F B♭
구 원의빛 생명의 주 주 님을찬양해 요
17 B♭ E♭/G F E♭ E♭/C B♭/D F
우릴위해오신주 찬양해요 영원토록찬양해요 메리크리스마스
21 B♭ E♭/G F E♭ E♭/C E♭ F B♭
나를구원하신주 찬양해요 메리메리크리스마스 메리크리스마스

찬양

우리 모두 주를 찬양하세 329

작사 & 작곡 이순희

♩= 100
B♭ Cm E♭ B♭/D Cm Cm/E♭ F
우 리모두 주를찬양하세 주의이름높 이 세
5 B♭ Cm E♭ B♭/D Cm F/A B♭
우 리모두 주를경배하세 주의이름높 이 세
9 B♭ E♭/G B♭ Cm F/A
우릴위해십자가에 서 물과피를쏟으셨 네
13 B♭ E♭/G B♭ Cm F/A B♭ B♭/D
흠도점도없는어린 양 모진고난당하셨 네
17 F E♭ B♭/D B♭maj7 Cm F/A
감 사의 노래부르며 주께영광돌 리 세
21 F E♭ B♭/D B♭maj7 Cm F/A B♭
기 쁨과 평강넘치네 영원토록주를찬양 하 겠 네

B

330 주님의 사랑이 나를

사랑

작사 & 작곡 이순희

♩= 90

주 님의 사랑 이 나를강권하 시 네
주 님의 능력 이 나를사로잡으시 네
영 원한기 쁨 과 평 강이넘치는 삶
주 님과함께하 는 내 영혼행 복 해
주 -님의 은 혜 에 감사하며살아가 네
어 -둠의 터널지 나 주의빛을나타내 리
주 님의 사랑 이 내안에서흘러넘치 네
그 사랑 전하 며 천국향해달려가 리

주님의 크신 사랑

작사 & 작곡 이순희
♩=86
주 님의크신사 랑 내 게 임 하 니
내 영혼에기쁨 이 샘 솟아오 르 네
주 님 의 크신손 길 나 를감싸주시 니
내 영 혼 참된평 안 흘 러넘 치 네
말 로다 표현 할수없는 크 신 은 혜
내 안에 서 강물처 럼 흘 러 넘 치 네
영 원토록주의사 랑 찬 양 하 리 라
생명다해주의복 음 전 파 - 하 리 라

332 주 안에서 발견되기 원하네

성경

(빌 3:7–9)

작사 & 작곡 이순희

♩= 86
Bb Cm F/A Bb Cm Eb F
주안에서발견되기 원 하 네 오직주만바라보기 원 하 네
5 Bb Cm F/A Bb Cm F/A Bb Bb/D
내게유익하던모든 것 들 을 배설물로여 기 네
9 F Eb Bb/D Cm Eb F
내 주그리스도 예수를 아는지식 이 가장고상 함이라
13 F F/A Bb Eb/G F Eb F Bb
내 가주를위하 여 모든것을 잃어버리고 배설물 로 여김은
17 F F/A Cm F/A Bb
그리 스도를얻 고 그안에서 발견되려함 이 니
21 F F/A Cm F/A Bb
내가 가진 의 는 하나님께 로 부터난 의 라

성경

주 안에서 복 있는 자

333

(시 1:1–3)

작사 & 작곡 이순희

♩= 90
주안에서복 있는 자 주안에서복 있는 자
Fine.
복 있는 사람 은 악인들의꾀 를 따르지않고
복 있는 사람 은 죄인들의길 에 서지않으며
오 만한 자들 의 자리에 앉 지 않 고
여 호와의율법 을 주야로 묵 상 하는도 다
율 법을주 야 로 묵상하는 자 에 게
형 통의복 을 허 락 하 시 리
시냇가에 심 은 나 무 처럼- 철을따라 열 매 맺으며-
잎사귀가 마르지 아 니 함 같 으 리 라
D.C

B

334 크고 놀라운 은혜로

사랑

작사 & 작곡 이순희
♩= 80
크고 놀라운은혜 로 채워진 우리의 삶
주님 의 크신사랑으 로 우리는 하나되었 네 네
한 피받아한몸이 룬 우 리는 - 천국가 족
서 로서로사랑하 며 주 님의뜻이 - 루 세
같은마음 같은 뜻 같은 생각 으 로
하나되어 사명감당하니 주님 기뻐 하시 네
성령 의 뜨거운 능 력 우리 를 감싸주시 네
성령 의 강한능력으 로 우리 를 새롭게하 네

하나님과 동행하는 성도는 335

작사 & 작곡 이순희

♩= 90
Bb Cm Bb/D Eb F
하나 님 과동행하 는 성도는 자유하 네
하나 님 을바라보 는 성도는 승리하 네
Bb Cm Bb/D Cm F/A 1.Bb 2.Bb Bb/D
문제 가 닥쳐 - 와 도 요동치 지 않 네 네
풍랑 이 불어 - 와 도 흔들리 지 않
F Bb/D Cm F/A
하 나 님의약속 을 의지하 는 자 는
F Bb/D Eb F F/A Bb
견고한 믿음으 로 앞만보고달려나가 네
Cm F/A Bb F/A Cm F/A
하 나 - 님의 섭 리 를 신 뢰하 는 자
Cm F/A Bb Cm F/A Bb
단 단한마음으로 요동치않네 흔 들리지않 네
Bb Cm Bb/D Eb F
이 제 나 는주를보 네 오직주만바라보 네
Bb Cm Bb/D Eb F F/A Bb
주님 주 신새힘받 아 사명감당하 리 라
요동치않으 리 라

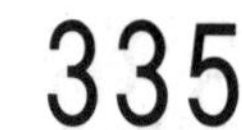

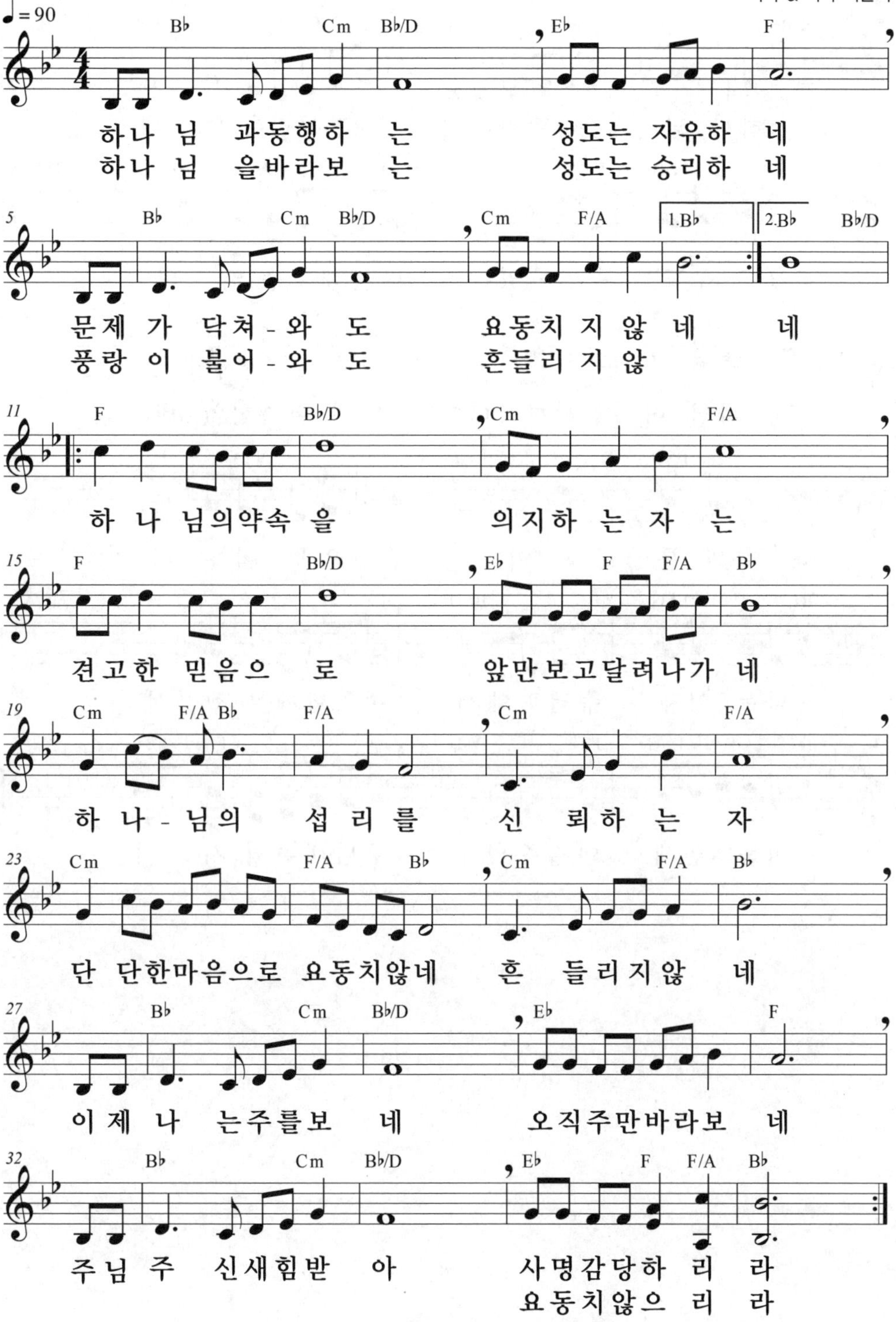

336 하나님은 내 편이시니

보호

작사 & 작곡 이순희

♩=96
B♭ E♭/G F B♭/D E♭ F F/A
하나 님은 내편이시니 내겐두려움 없 네
B♭ E♭/G F B♭/D E♭ F/A B♭ B♭/D
그누 구도 주안에있는 나를해칠수 없 네
F B♭/D F E♭ F B♭/D
하 나님 이 함께하시니 내게 부족함없 네
F B♭/D F E♭ F F/A B♭
축 복의 통 로 되 어 주님의뜻 이루 리
B♭ E♭/G F B♭/D E♭ F F/A
나는 이제 주님편에서 주와함께살 겠 네
B♭ E♭/G F B♭/D E♭ F F/A B♭
어둠의권세 이길수있네 주님내편되 시 니

하나님의 말씀은 살아있고 337

(히 4:12-13)

작사 & 작곡 이순희
♩=90
하 나님의 말씀 은 살아있고활력이있 어
좌 우에날선어떤 검 보 다 예리하여혼과영 과
관 절과 골수 를 찔러쪼개기까지하 며
또 마음의생각 과 뜻을판단하 나 니
지으신것이하나 도 그앞에 나타나지않음이없 고
우리의결산받으 실 이앞에 만물이 벌거벗은 것 같 이
드러 나느 니 - 라 드러내어고치시는주 께
회개하여치료를받 아 주님의뜻 이 - 루 리

338 하나님의 부름받아

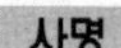

작사 & 작곡 이순희

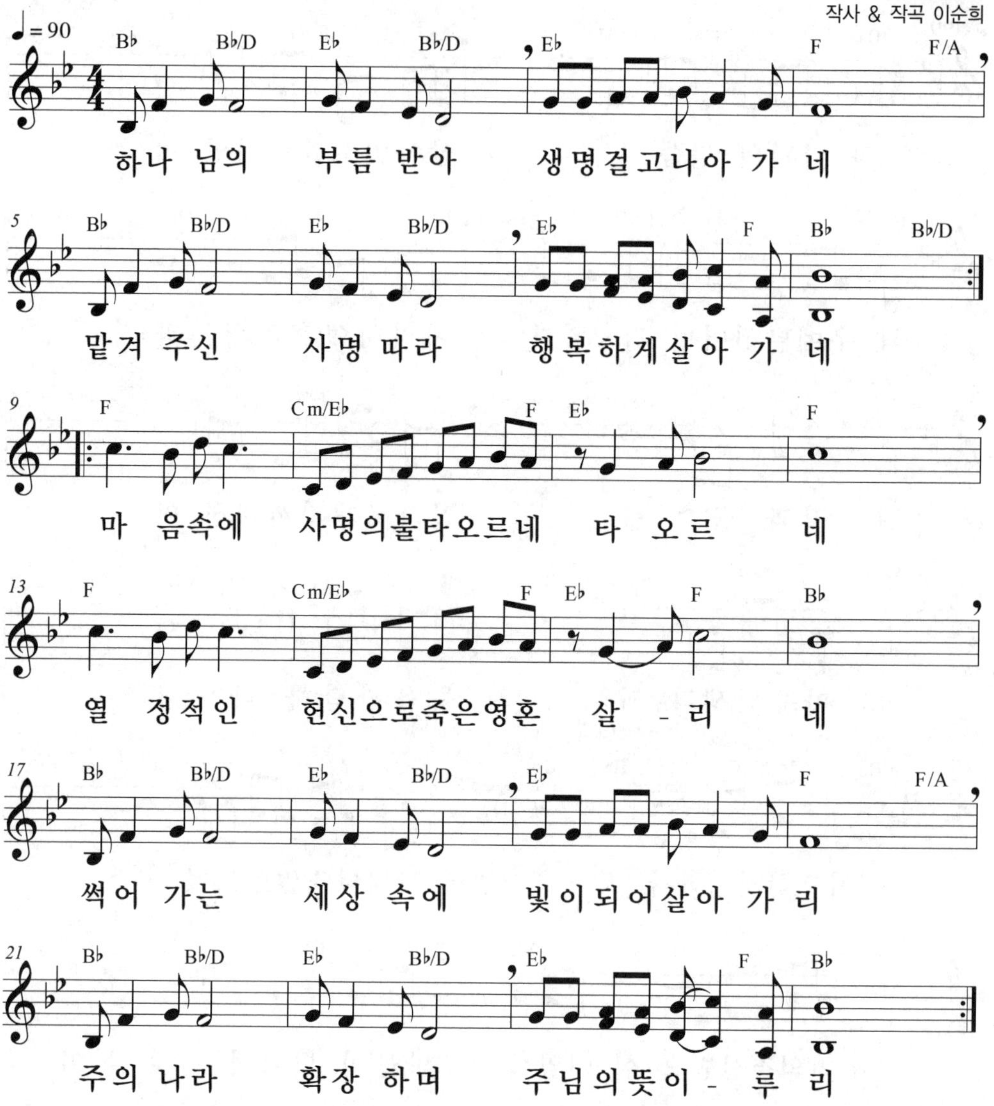

♩=90

하나 님의 부름 받아 생명걸고나아 가 네

맡겨 주신 사명 따라 행복하게살아 가 네

마 음속에 사명의불타오르네 타 오르 네

열 정적인 헌신으로죽은영혼 살 - 리 네

썩어 가는 세상 속에 빛이되어살아 가 리

주의 나라 확장 하며 주님의뜻이 - 루 리

하나님이 여시면

339

작사 & 작곡 이순희

♩= 86
하 나님이 여시 면 닫 을 자가 없 네
하나님이 닫으시 면 열 자 가 없 네
작 은능력으로 도 하나님을 배반치 아니하 면
하 늘문을여시 네 하늘의 축 복 허락하시 네
하 늘에속한복을 소유한자 상황과환경초월하 네
성 령의무한한힘 소유한자 많은영혼윤택케하 네
축복 의통로되리 라 하나님이 예비하신축복받으 리
세상 에빛을발하 여 하늘문이 열리는삶살아가겠 네
우리모두 영혼의 복 충 만 하게 받 아
주의나라 확장위 해 살 아 가 겠 네

340 하나님이 주시는 복을

복

작사 & 작곡 이순희

♩= 86

하 나님이주시 는 복 을누리는인 생

결 핍과근심없 네 언 제나 - 평안 해
두 려움매임없 네 언 제나 - 자유 해

하나 님이예비하 신 복 을향 하 여

믿음 으로나아가 는 참 된성 도 는

하 - 늘문이 열리는축복 받 게되 리 라

오 - 나의주 하 - 늘의문 열 어주 소 서

하 늘의신령한 복 이 땅의기름진 복

허 락하여주시 사 열 매맺게하소 서

하늘에 울려퍼지는

작사 & 작곡 이순희
♩=92
하 늘 에 울려퍼지 는 우리 의 찬 양
하 나 님 의 마음 을 시원 하 게하 네 네
전 심으로 부 르 는 우 리의 찬 양
사 람들의 마 음 을 감 동시 키 네
새 노래 곧 우리하나님께올릴 찬송을 내입에 두셨으 니
많 은사람이보 고 여호와를 의 지하리로 다
찬송 중 에 거하시는 하 나 님 나 의하 나 님
영 원 토 록 찬양하 리 주께 영 광돌 리 리

342 고난의 긴 터널 속에서도

내적치유

작사 & 작곡 이순희

♩= 74

고난의 긴터널속 에서도 주님 내 곁에계시네

고통과 슬픔이날에워싸도 주의 손이나를놓지않네 네

환 난의바람불 어 쓰 러지려할때 도

세상사람날버려 도 주님나를보호하시 네

고 난의 터널에 서 건 지시는나의 주

슬 픔과 고통에 서 해 방시킨나의 주

나의 인 생길-밝 히시고 힘을주 시는주 찬양 해

영원토 록변치않으 시는주 나와 함께하시는 주 찬 양

고난의 터널을 지나

343

작사 & 작곡 이순희
♩= 86
Gm D♭/F♯ Cm/E♭ D Cm D D/F♯
고 난의 터널을지나 주의사랑깨달았 네
Gm D/F♯ Cm/E♭ D Cm D Gm
고 난을 허락하-신 나를향한주의사 랑
Gm D/F♯ Gm Cm/E♭ D/F♯ Gm
고 난의터널지 나 주의섭리알게됐 네
Gm D/F♯ Gm Cm/E♭ D/F♯ Gm
고 난을유익으 로 바꾸시는사랑의 주
Gm Cm/E♭ Gm A° Cm D D/F♯
모든것을 합력하여 선을이루시는하나 님
Gm Cm/E♭ Gm A° Cm D Gm
수고하고 무거운짐 모두다 주께맡기 네
Gm D/F♯ Cm/E♭ D Cm D D/F♯
나 의사랑- 나 의-주 나를인도하-시 네
Gm D/F♯ Cm/E♭ D Cm D7 Gm
나 의사랑- 나 의-주 영원토록찬양하 네

B

344 고통과 슬픔 속에

내적치유

작사 & 작곡 이순희
♩= 80
Gm D/F# Gm A° Cm D
고 통과 슬픔속 에 신 음하 면 서
걱 정과 근심속 에 외 로워 하 며
Gm D/F# Gm A° D/F# Gm Gm/B♭
상 처입은 영혼들 은 주 께로 오 라
고 통스런 영혼이 여 주 께로 오 라
Cm D Cm D7 Gm/B♭ Cm Gm/B♭
영 육의모든문제 주께 맡기고 주사랑의품안에서 평안을찾고
Cm D Cm D7 Gm/B♭ Cm D Gm
주 사랑전 - 하며 살기 원하네 영원토록주품에서 살기원하네
Gm Gm/B♭ Cm D7 D7/F#
고 통의밤을지 나 빛 을찾 았 네
Gm Gm/B♭ Cm D D/F# Gm
수 고하고무거운 짐 주 께맡 겼 네
Gm D/F# A° D/F# E♭ D D/F#
감 사의눈물로 적신마 음 주 께드 리 네
Gm D/F# A° D/F# E♭ D D/F# Gm
기 쁨의눈물로 적신마 음 주 께드 리 네

고통 속에 절망할 때

작사 김지원
작곡 이순희
♩= 80
Gm D/F♯ Gm Cm/E♭ D D/F♯
고 통 속에절망 할 - 때 어둠 속 에 헤매일 때
덩 그 러니구석 에앉아 외로 움 이 밀려올 때
Gm D/F♯ Cm/E♭ Gm D/F♯ Gm
잡 히시던밤 에 홀로기도 하시던 주님보이 네
Gm Gm/B♭ Cm D7 D7/F♯
굴 욕과 수치 로 내 영혼몸부림칠 때
Gm Gm/B♭ Cm D D/F♯ Gm Gm/B♭
조 롱과 핍박속 에 십 자가지신주보 네
Cm D Gm/B♭ Cm D7
내 눈물위에 주의기 쁨 허 락하 시 고
Cm D Gm/B♭ D D/F♯ Gm
내 작은손에 주의손 덮어 능력주시는주 보 네
Gm D/F♯ Gm Cm/E♭ D D/F♯
빛 으로인도하 시는주 내앞 길 환하게밝히시 네
Gm D/F♯ Cm/E♭ D D/F♯ Gm
주 의크신사 랑 내영혼에 참된만 족 - 주시 네

346 긴 긴 밤 외로이 홀로

내적치유

작사 & 작곡 이순희

♩=76
Gm D/F# Gm Adim Cm D D/F#
긴 긴밤 외로이홀로 눈 물로지새운나 날
5 Gm D/F# Gm Adim Cm D Gm Gm/B♭
사 무치는 외 로움으로 고 통의시간속에 서
9 Cm Gm/B♭ D D/F#
주 님께마음문열 어 간 절히기도하 네
13 Cm Gm/B♭ D D/F# Gm Gm/B♭
회 개의눈물흘릴 때 사랑의주응답하시 네
17 Cm Gm/B♭ D Gm/B♭ Cm D
내 영 혼 주의사랑느 끼 며 새 힘을얻 네
21 Cm Gm/B♭ D D/F# Gm
내 영 혼 주의사랑느 끼 며 참 행복누리네

내적치유

깨닫지 못하고

347

작사 & 작곡 이순희
♩= 86
깨 닫 지 못하 고 남 탓만하 고 살았던 내영 혼
깨 닫지 못하 고 환경탓하 고 살았던 내영 혼
헛된꿈 품에안고 욕심껏 살아왔 던 나 의 삶
어디서도참만족 얻지못 해 지쳐있던내 영 혼
모든것을합력하 여 선을이루시는하나 님
주님의품에들어 와 참된안식 얻게하시 네
고난을 허락하신 주의사 랑 나 이 제 깨달았 네
세상것을바라보는 나의삶 은 헛 된삶이란것 을
간 절 한 마음으 로 주 께부르짖 어 자유함 얻었 네
나 의주 간절 한 내기도들으 사 자유케 하시 네

B

348 내게 어려운 일

내적치유

작사 & 작곡 이순희
♩= 80
내 게 어려운일 있을때 에 주 님께기도합니 다
험하고 거친세상 두려울때에 주 님을의지합니 다
슬플 때에도 어두울 때에도 함께하 여 주시 네
지칠 때에도 외로울 때에도 함께하여 주시 네
예 수님은나의 길 언 제나바른길로 인도하시네
예 수님은나의 빛 언 제나나의길을 비춰주시네
예수님은나 의 힘 내게힘을 주시며 인도하시 네
예수님은나의목 자 푸른초장으 로 날이끄시 네

내적치유

내 아픈 마음

작사 & 작곡 이순희

♩= 80
Gm D/F♯ Gm Cm/E♭ D D/F♯
내 아픈마 음 감 싸주 세 요
5 Gm D/F♯ Gm Cm/E♭ D D/F♯ Gm
내 병든영 혼 고 쳐주 세 요
9 Gm D7 Gm/B♭ Cm D D/F♯
그 누구도 내 마 음 몰 라준다하여 도
13 Gm D7 Cm D Gm
예 수님은 알고계시니 나 를고쳐주세 요
17 Gm Gm/B♭ Cm Cm/E♭ D
따 뜻한사랑으로 채워주시네 슬 프고외로울때 위로하시네
21 Gm Gm/B♭ Cm Cm/E♭ D/F♯ Gm
예 수님나를감싸 안아주시니 나 이제자유하네 행복넘 치네
25 Gm D/F♯ Gm Adim D/F♯ D D/F♯
걱 정근심 사라졌 네 새사람이 되었 네
29 Gm D/F♯ Gm Adim D/F♯ Gm
주 안에서 참된기 쁨 흘러흘러 넘치 네

B

350 너희가 여러가지

성경

(벧전 1:6–7)

작사 & 작곡 이순희
♩= 80
너 희가 여러가 지 시험으로말미암 아
근 심하 지않을 수 없었으나 오히려기뻐 하도 다
너 희믿음의 확실 함은 불 로연단하여 도
없 어질 금보 다 더 귀하여 예수그리스도께서 나타나실때에
칭 찬과영 광 과 존 귀를 얻게하실것 이 라
너 희를연단하려 고 오는 불시 험 을
이상한일당하는 것 같 이 이상히 여기지말 고
오히려너 - 희가 그리스도의 고난에 참여하는 것으로
즐 거워하라 이는 그의 영광을나타내실때 에
너 희로 즐거워 하고 기뻐하게 하려함 이니 라

내려놓음

빈손으로 가야하네

작사 & 작곡 이순희
♩= 76
빈 손으로 가야하 - 네 하나님이부르시 면
세 상에서 쌓아놓았던 모든것을내려놓고 가 야 해
육 신의장막집 벗은후 손 으로짓지않은 집
하 나님지으신 영원한 집 우리에게있 다 네
지 금 이후 로 주안에 서 죽는자는복이있다 네
성 령 님 말씀하시네 그들이 수고를그치 고 쉬 리니
그들이행한일 이 그들을따르리 라
기름준비하는 삶 열매맺는삶을 살아가 리

352 # 상처받은 내 영혼

내적치유

작사 & 작곡 이순희

♩= 80
상처받은 내영혼 외로운내영혼 고달프고 지친 내 영 혼
아무도 알수없는 아픈상처들을 마음속깊은곳에 묻어놨던나
어 둠과고난이 나를둘러싸 분별없이살아왔던 나의인생길
슬 픔과고통속에 시달리면서 가슴치며통곡했던 수많은시간
아 아 상처받고외로운 나의 영혼이 여
아 아 지 - 치고고달픈 나의 영혼이 여
얼 마나 아팠는 지 얼 마나고통스러웠 는 지
이 제야 깨 - 닫 고 주 께로돌아와 사랑느끼네
내손잡아 주시며 새힘을주시네 아픈상처치료 하 시 네
나는이제 더이상 외 - 롭지않네 주안에참된평강 누 리 네

내적치유

상처입은 마음을 감싸 353

작사 & 작곡 이순희

♩= 80
상 처입은마음 을 감 - 싸안으시는 주
주 님의 - 사랑 이 한줄기빛이되 어
내 게 로 다가오네 상처치유하 시 네
주 님의 밝 - 은빛 모든어둠물리치 네
나의모든아픔과 두 려 움 내 게서떠나가 네
나의영혼기쁨과 평 강 이 가 득채워 - 지 네
주 님의사랑은 무한하 네 주품에서자유하 네
위 로의손길이 나를감싸고 희망의빛 비 추 네

B

354 상처입은 영혼들이

내적치유

작사 & 작곡 이순희
♩=90
상 처 입은 영혼 들이 주 께로돌아오 네
사 랑의우리주 아픈 상처 치 료 하 시 네
고 통속에 묻혀있 는 안타까운영혼에 게
다 가오신 사랑의 주 새로운삶허락하시 네
모 든 아픔과 상처 깨끗하게 치유 하 시 네
주 의 치유의손 온세 상에흘러 흘러 넘 치 네
상 처 입은 많은영 혼 치료받고자유하 네
사 랑 의 주 나 를 사용하여주 소 서
깊은 상처 감싸 시고 참 평안을주시 네
나를 향한주의 사랑 으로 행 복 누 리 네

내적치유

세상에 홀로 남겨진 듯

작사 & 작곡 이순희
♩= 76
세상에 홀로남겨 진듯 순간순간 밀려오는 외로 움
세상을 헤쳐나갈 힘없어 순간순간 밀려오는두려 움
상 처로인한 - 아 픔과슬픔이 인생길 가로막을 때
모 든것내려놓 고 삶을포기 하고싶어질 때 에
일 곱번 넘어져 도 다시일어나게하시는 주
안 타까운 마음으 로 바라보며말씀하시 네
두 려 워 하지말 라 내가너를도와주리 라
놀 라 지 말 라 내가너와함께하리 라
내가너를굳세게하 리라 참으로 너를도와 주리 라
참으로 나의의로 운 오른손으로 너를붙들 리 라

B

356

세상 염려 걱정

내적치유

(빌 4:6-7)

작사 & 작곡 이순희

♩=76
Gm D/F♯ Gm Adim Gm/B♭ D D/F♯
세상염려 걱정 근심에갇혀 고 통속에 울고있던나
5 Gm D/F♯ Gm Adim Gm/B♭ D D/F♯ Gm Gm/B♭
주님의따 뜻한 음성들리네 사 랑하는 나의자녀야
9 Cm Gm/B♭ D Cm Gm/B♭ Cm D
아 무것도 염려하지말고 다 만모든일 에
13 Cm Gm/B♭ Cm Gm/B♭ D Gm
기 도와 간구 로 너희구할것을 감 사함 으 로
17 Gm Adim Gm/B♭ D D/F♯
하나님께아 뢰 라 그리하면 모든지각에 뛰어 난
21 Gm Adim Gm/B♭ Cm D
하나님의평 강 이 그리스도 예 수 안 에 서
25 Cm D Gm/B♭ Cm D D/F♯ Gm
너 희 마음과 생 각 을 지 키시 리 라

십자가의 능력은

357

작사 & 작곡 이순희
♩= 80
십자 가의 능력 은 굳은 마음을 깨 고
십자 가의 능력 은 육 의 생각을 깨 고
위의 것을 찾으 며 영 의 생각하게하 네
부드 러운 마음 을 품 고 살아가게하 네
십 자가의능력 은 자존심 깨고 높은자존감 갖게하 네
십 자가의능력 은 욕 심을 깨고 참만족누리 게 하 네
고집을 깨고 온유와 겸손을 따르게 하는십자 가
날마다십자가 의 능 력앞에 깨어진 성 도 는
육의 차원 넘어 선 인 생 을살아 가 며
예수 그리 스도 만 나 타 내 는삶을사 네

B

358 아픔과 슬픔이

내적치유

작사 & 작곡 이순희

♩= 78
Gm D/F♯ Gm Adim D/F♯
아 픔과 슬 - 픔 이 내마음을가로막을 때
희 망을 잃 - 고 서 깊은어둠헤매일때 에
5 Gm D/F♯ Gm Adim D/F♯ Gm
주 님의 은 - 혜 가 나를감싸회복시키 네
주 님이 빛 - 으 로 나를새롭게해주시 네
9 Gm D/F♯ Cm/E♭ D D/F♯
상 처난내 영 혼 주손길로치유하시 니
넘 어진내 마 음 말씀으로일으키시 니
13 Gm D/F♯ Cm/E♭ D/F♯ Gm
내 삶의모 든 것 주 - 님께맡겨드리 네
주 님이가 신 길 고난의길따라가 - 리
17 Gm D/F♯ Gm Cm/E♭ D D/F♯
주 의손길 날붙드시니 오직주만의지하 리
21 Gm D/F♯ Gm Cm/E♭ D/F♯ Gm
주 의크신 놀라운은혜 영원토록찬양하 리

어두운 밤 고통 속에서

작사 & 작곡 이순희

♩=76
Gm D/F♯ Cm/E♭ D Cm D D/F♯
어두 운밤 고통속에서 울 부짖을때 에
5 Gm D/F♯ Cm/E♭ D Cm D Gm Gm/B♭
손내 밀어 다가오시는 주 님말씀하시 네
9 Cm D7 Gm/B♭ Gm Gm/B♭
사랑하는나의자녀 야 아무것도염려하지 말 아 라
13 Cm D7 Gm/B♭ D D/F♯ Gm
내가너를구속하였 고 내가너를지명하여 불렀나 니
17 Gm D/F♯ Gm Gm/B♭ D D/F♯
너 는내 것이라 내 손잡아주시 네
21 Gm D/F♯ Gm D/F♯ Gm
나 는두렵지 않 네 나 는놀라지않 네
25 Gm D/F♯ Gm Gm/B♭ Cm D D/F♯
내가어 딜가든지 주님지켜주시네 나를보호 하시 네
29 Gm D/F♯ Gm Gm/B♭ Cm D Gm
나는두 렵지않네 주님지켜주시니 진리안에 자유 해

360 어둠 속에 길을 잃을 때

내적치유

작사 & 작곡 이순희

어 둠 속에 길을잃을때 주님 의손나 를 인도하시네
눈 물 속에 지친마음을 주님 의위로 날 채워주시네
고 난의파도 넘을때마다 주님 의사랑 날 감싸주시네
고 통속에서 힘겨운날들 주님 의손길 날 일으키시네
주 님의음성 내게들려와 내마음에평안주시 네
주 님의약속 내가붙드니 내마음에소망넘치 네
주 님의사랑 나를감싸니 내마음에기쁨넘치 네
주 님의약속 내가붙드니 견고한믿음세워지 네
주 -님과 함께걷는 행 복넘치는 길
빛 -으로 가득채워진 평 강넘치는 길
주 님의 사랑안에서 영원토록찬양하리 라
주 님의 사랑안에서 영원토록찬양하리 라

비상

어둠의 영 나의 인생

361

작사 & 작곡 이순희

♩= 86
어 둠 의 영 나 의 인 생 한계안에갇혀 살 게 하지만
사 랑 의 주 내 하 나 님 한계너머에서 나 를부르시네
한 계 를 뛰어넘 는 능 력부어주시 네
한 계 를 뛰어넘 는 새 힘부어주시 네
힘으로되지않고 능으로되지않는 것 오 직주의 영 으 로
한계를초월하여 역사하시는성령 의 능력으로 된 다 네
사 랑의하나님 우리를 깨우시려 벼랑끝에세우시 네
인 생의벼랑끝에 서 한계를뛰어 넘고 비상하게하 네
우 리 모 두 삶의 환경 초월하여비상하기 원 하 - 네
우 리 모 두 어둠 의영 물리치고비상하며 살아가 세

B

362 죄로 인해 병든 영혼

내적치유

작사 & 작곡 이순희
♩= 90
죄로 인해 병든 영혼 나의인생고통스럽 게 하 고
상처로인해 찢긴내마음 나의인생곤고하 - 게 하 네
깊 고깊은 절망으로인해 고통의 눈물흘릴 때
깊 고깊은 절망으로인해 탄식하며몸부림칠 때
치 료의나의주 님 나의영혼치료하시 고
사 랑의나의주 님 병든인생일으키시 네
치료 의주 능력 의주 나를지켜보호하여 주 시 네
온맘 다해 찬양 하며 영원토록오직주만 높 이 리

성경

주님 말씀하시네

(눅 9:23-24)

작사 & 작곡 이순희
♩= 80
주님말씀 하시 네 누구든지 나를 따라오려거 든
날마다자 기를 부인하고 자기십자가 를지고 나를따르 라
누구든지제목숨을 구원하고자 하면 잃 을것 이 요
누구든지나를위하여 제목숨을 잃으면 구 원하 리 라
그 리스도 예수의 사람들 은 육체와함 께
그 정욕과 탐심을 십자가 에 못박았느 니 라
깨어지는것이사는 길 이 네 우리모두깨어지 세
정욕탐심십자가에 못 박 고 오직주만따라가 세

B

364 헛된 것을 찾아

내려놓음

작사 & 작곡 이순희

헛 된것을찾 아 이리저 리 헤매이던나 의 삶
주 님부르시 면 빈손으 로 가야하는인 생 길
온 힘다해 잡고있 던 모든욕심내려놓 고
사 랑의주 부르시 면 빈손으로가야하 네
하 -나님의 은 혜 로 살 아왔던인생 길 위 에
남 -겨질것 은 오 직 하 나님의사랑 뿐
나 의 삶의모든 것 주님앞 에 맡-기고나아가 네
헛 된 세상욕 심 내려놓고 주-님만의지하 네

헛된 것을 찾아 헤매이던 나 365

작사 & 작곡 이순희
♩= 80
Gm D/F♯ Cm/E♭ Gm D/F♯
헛된 것을찾아 헤매이던나 세상일에빠져살던 나
Gm D/F♯ Cm/E♭ D/F♯ Gm
주님없이살던 나의모든삶 공허와허무함 뿐이 네
Gm Cm/E♭ D Gm/B♭ Cm D D/F♯
세 상욕심에빠져 몸부림치며 참된만족찾아가던 나
Gm Cm/E♭ D Gm/B♭ D D/F♯ Gm Gm/B♭
세 상유혹에빠져 휘청거리던 나의삶에찾아오신 주
Cm D Gm/B♭ Cm D D/F♯
나 에게말씀하시 네 너는 두 려워 하지 말 라
Gm A° Gm/B♭ Cm D Gm
내가 너와 함께 하 리 라 너는 내것 이 라
Gm D/F♯ Cm/E♭ Gm D/F♯
나의모든욕심 내려놓았네 오직주만따라가겠 네
Gm D/F♯ Cm/E♭ D/F♯ Gm
나는이제기쁨 흘러넘치네 주품에서만족누 리 네

영혼을 살리는 찬양 7

펴낸일	2025년 5월 18일
펴낸이	이순희
펴낸곳	기독교생활영성연구원
편집	원미현, 허신영
디자인	김한지
주소	인천광역시 남동구 장아산로 205번길 16
전화	032) 469-0191~2
FAX	032) 469-0190
Homepage	http://www.baeksong.kr

발행처	선교횃불CCM2U
등록일	1999년 9월 21일 제 54호